OJT
On the Job Training

事例で学ぶOJT

先輩トレーナーが実践する効果的な育て方

田中淳子 *Tanaka Junko*

経団連出版

はじめに―OJT制度について

　人材育成には「OJT」「Off-JT」「自己啓発」の３つの柱があります。OJTとは、On the Job Training（仕事を通じた学び）の頭文字をとった言葉であり、Off-JTは、研修や通信教育の受講など仕事を離れての学びを意味します。自己啓発は、各人が主体的に学ぶこと、すなわち、本を読む、業務外に学校に通ったり、オンラインセミナーを受けたりすることです。これらのうち、人材の育成に大きく影響するのはOJTであることは、誰もが実感しているとおりで、人は仕事をしながら成長しているのです。

　以前は多くの企業で、人材育成は職場任せで進められ、各職場がそれぞれのやり方で新入社員に仕事を教えてきましたが、2000年ころから人事部や人材開発部などが主導してOJTを人事の仕組みの中に組み込むようになりました。この制度は主に新入社員など若手に適用され、新入社員と１対１の関係で、先輩社員をOJTトレーナーとしてアサインする仕組みにしています。

　私は、2003年から企業のOJT支援に携わっていますが、その当時は、「私たちが若いころ、OJTなんて誰もしてくれなかった」「どうしてこんなに新入社員に甘い制度ができたのか」「仕事は、教えてもらわなくても先輩たちを見て自分から学んでいくものだ」と感じる人も多く、OJTトレーナー研修でも、制度創設そのものへの不満が噴出したものでした。しかし、２年、３年と継続するにつれて、「OJTトレーナーがいたほうが人は育つね」と実感できるようになり、やがて、その制度で成長支援してもらった社員がOJTトレーナーになっていくことで、OJTの連鎖が始まりました。このようにして、OJT制度はあって当たり前という文化風土が形成されていきました。

　OJTの制度化は、新入社員の早期育成を第一の目的にしていますが、多くの企業で、「OJTトレーナー自身の成長」「人を育てる文化の醸成」も目指しています。つまり、新人を育てる過程でその育成に携わるOJTトレーナーの

能力開発にも効果があり、かつ、新人に関わる多くの人が育てることに関心をもち、やがてその職場が、「人が育つ」環境を整えていくことを意図しているのです。

この本でターゲットにしているのは、

- 後輩指導を任された現場のOJTトレーナー
- 新入社員や若手社員を部下に抱えるマネージャ
- 人事部門や人材開発部門でOJT制度を運営し現場の育成を支えている方

です。この3通りの読者に役立つよう、多くの事例を盛り込みました。

私が約20年間、現場のOJTトレーナー、新入社員や部下を育てるマネージャやリーダーから見聞きした様々な事例は、OJTトレーナー研修を担当する際、必ず紹介するようにしています。すると、「そういう具体的で多様な事例は自社では得られないのでありがたい」「事例があることで、育成の現場が具体的にイメージできた」とコメントいただくことが多く、どうやら、私が長年にわたり集めてきた企業での実践事例は、業界や企業を超えてたくさんの方の役に立つようだと思うようになり、より多くの方に活用いただけたらと考え、書籍としてまとめることにしました。

2020年度に始まったテレワーク以前に見聞きした事例が多いため、テレワーク環境下では、そのままでは適用できないものもありますが、事例の根底にある考え方を読み取っていただき、対面で接している職場でも、テレワークでOJTを進める職場でも、自社の場合はどう工夫すればよいか考えて、事例を生かしていただければ幸いです。

なお文中で、指導する側を主に「OJTトレーナー」「先輩」、指導される側を「新入社員」「後輩」などと記載しています。ご自分の環境、状況に合わせてみ読み替えてくだされば幸いです。

2021年5月
田中　淳子

目　次

第Ⅲ章　新入社員と信頼関係を築く

第Ⅳ章　業務の教え方と質問対応

第Ⅴ章　社会人としての基本を学ばせる

第VI章　経験学習を生かす

第VII章　仕事の取り組み方を教える

第VIII章　新入社員との1on1ミーティング

第IX章　フィードバックと振り返り

おわりに

表紙カバーデザイン──矢部竜二

第 **I** 章

OJTトレーナーの役割

OJTトレーナーは、新入社員など後輩のOJTに直接関わる担当者です。
どのような役割を担い、OJTトレーナーとしてどう振る舞えばよいのか
を理解することから始めます。

1 OJTトレーナーに求められる役割

OJTトレーナーがすべきことは何でしょうか。どういう役割を求められるのですか。

アドバイス 周囲を巻き込み、育成環境を整える

企業はその目指す目標を達成するために、従業員一人ひとりが成長し続けられるようにする必要があります。部下の育成はマネージャの役割であり、育成の責任もマネージャにあります。この本では、育成方法の一つであるOJTを扱います。OJTとは「On the Job Training」の略称で、主に新入社員などの若手に対して行う教育手法を指し、その目的は「成果を生み出す人材」を育てることです。

OJTトレーナーとして育成にあたるのは、たいていの場合マネージャから任命された先輩社員です。管理職ではないことから、育成の全責任を負うわけではありません。したがってOJTトレーナーの役割範囲はあらかじめ定義しておくことが大事です。

OJTトレーナーはあくまでも新入社員育成についての「第一担当者」「OJTをマネージャから委任された育成リーダー」という役割ですから、一人で新入社員の育成すべてを背負う必要はなく、「OJTを担うリーダー」として「周囲を巻き込みながら育てる」ことが重要です。

OJTを制度化（OJTトレーナーを任命する仕組みに）している企業であれば、「OJTトレーナーガイドブック」「OJT制度ガイドライン」などを作成していることが多いので、まずはそれを熟読することです。そしてそこには、

OJTトレーナーの役割も明記されていることでしょう。例えば

- 育成計画を立て、計画に沿って育成を進める
- 新入社員が早く職場になじむよう支援する
- マナーやマインドといった普遍的な知識・スキルと部署や業務に特化した専門的な知識・スキルを教える
- 仕事上の悩みや不安の相談に乗り、適切なアドバイスを行う
- 上記を一人ですべて行うのではなく、周囲を巻き込み、実現する

などです。多くの企業で、「OJTトレーナー一人で育成するのではない。OJTトレーナーはあくまでも一担当者であって、OJTトレーナーが周囲を上手に巻き込みながら育ててください」というメッセージを出しています。そのためOJTトレーナーには、OJTへの協力を仰ぎ、組織全体で育てるよう多くの人の力をうまく使う周囲への影響力、すなわち「リーダーシップ」が求められるのです。

OJTトレーナーには比較的若い層が任命されることも多いため、最初から高いリーダーシップが発揮できることは重要ではありません。実際、周囲を巻き込むことに多くのOJTトレーナーが苦心しています。「○○さんがOJTトレーナーに任命された」と認識すると、それ以外の人たちは、自分はOJTに直接関わる必要はないと、どこか他人事に感じる人が多いためです。

OJTトレーナーは新入社員を効率よく、効果的に、そして大切に育てていく環境をつくるために様々な工夫を講じて周囲を巻き込む努力が求められます。最初は苦労しても、徐々にOJTトレーナーのリーダーシップも磨かれてくるはずです。

2 OJTトレーナーに適した属性とは？

OJTトレーナーは新入社員と年齢が近かったり、同性だったりするほうが、OJTを進めやすいものですか。

アドバイス1 「若手」「同性」に限定する必要はない

OJTトレーナーになる人は、「自らの成長に関心が高く、他者の成長支援に興味がある」ことが大前提です。そういう人をOJTトレーナーに任命すれば、若手社員の成長も上手に支援していくはずです。もし自分の成長に関心が薄く、さらに他者の成長にも興味のないOJTトレーナーが任命されてしまうようでは、新入社員の成長にもよい影響を与えないでしょう。

それ以外の要素はどうでしょうか。「OJTトレーナーは、新入社員と年齢が近く、同性のほうがよいですか」という質問をよく受けます。これは、ある面ではYes、ある面ではNoです。

年齢が近く、性別も同じであれば、「新入社員の気持ちがよく理解できる」「新入社員が会話しやすい」というメリットが考えられます。年齢差が大きかったり、異性だったりすると、「話しづらい」「話がかみ合わない」「相談しづらい」ということが考えられます。例えば新入社員が体調のこと、（仕事に影響している）家族のことを話したくても、相談するのを躊躇することは考えられます。しかし、どの職場でも多様性（ダイバーシティ）を重視するようになり、多様な人々と働くことに早めに慣れるメリットも高いといえますので、OJTトレーナーの属性も新入社員とことさら近いものに限定する必要はないと思います。

OJTトレーナーが男性で、新入社員が女性という組み合わせの例です。「同性同士のほうが相談しやすい場合もあるかもしれない」と考えたOJTトレーナーは、同じチームの女性を「サブトレーナー」と位置づけ、「OJTトレーナーである僕に話しづらいこと、相談しづらいことがあれば、彼女と話してね」と伝えました。これにより新入社員はOJTトレーナーが知らないところで、個人的な相談をサブトレーナーにしたこともあったようです。大事なのは、いざとなったら相談できる人がOJTトレーナー以外にもいることで、それが新入社員の安心感につながりました。

これは、年齢差が大きい場合やなんらかの理由で物理的に離れた場所で働いている場合でも使える方法です。年齢の近いサブトレーナーを決めておく、近くの職場にいる人をサブトレーナーとしてサポートしてくれるよう依頼しておく、といった具合です。

サブトレーナーを設けておけば、OJTトレーナー以外のメンバも自然にOJTに関わるようになり、新入社員が職場に早くなじむ手助けにもなります。

👊 アドバイス2　年齢差などを生かす視点や工夫を探る

今の時代、年齢や性別、働く場所などが異なるといった要素は、メリットとして生かすことを考えたほうがよいでしょう。同年代であれば、似たような発想をしてしまう、同じようなレベルで考えてしまうところを、年齢が離れていることや積んできた経験の差から新入社員にとっては思いもよらぬ視点を示せたり、アドバイスを与えたりできるかもしれません。離れた場所にいることで手取り足取りの指導はしにくくても、異なる場所にいることで生じる視点の違い、視野の差が互いに刺激を与えることにもなるはずです。

OJTトレーナーと新入社員が異なる顧客先のプロジェクトを担当するため、しばらく、それぞれの顧客先に常駐するケースがあります。物理的に離れ、プロジェクト自体も異なっていると、必要とされる業務知識やスキルについてOJTトレーナーが一人ではカバーできず、新入社員が常駐しているプ

ロジェクト側の中堅メンバまたは中堅社員に業務面でのサポートを依頼する場合があります。OJTトレーナーは新入社員とオンライン会議を使ったり帰社日を合わせたりして情報共有の時間をもつようにします。業務は異なっても人との関わり方や業務を進める際の知恵や工夫など、先輩として教えられることは多数あります。さらに、お互いの常駐先のことや担当しているプロジェクトの内容を情報交換し、業務への理解の幅も広がります。

　年齢差があるOJTトレーナーの接し方を以下に紹介します。

　「私、ちょっと大げさに言えば、新入社員と親子ほど年が離れているんですよ。仕事を教えるぶんには全然問題ないのだけど、見ていたアニメも違ったりして世代間ギャップは否めないんですね。でも、そういう若い人と会話をする機会もそうそう得られないので、とても楽しんでいます。若い人が興味をもっていることってこういうことなんだとか、若者のこだわる点はこのへんにあるんだなと、とても刺激的です。そういう若い人の考え方を自分でも理解し、咀嚼して、育成の仕方に工夫を凝らしています。自分たちの時代の育て方にこだわっていたらダメだということを若い人との対話で日々学んでいます」

　新入社員も、異なる世代の方と会話ができることは、自分にとって役立っていると話していました。学生時代には幅広い年齢層の人と関わる機会が少なかったので、刺激的だと言うのです。年齢差が問題なのではなく、どういう姿勢でOJTトレーナーとして若手と接するかが大事なポイントです。

　属性が異なるからと困惑するのではなく、どうすれば新入社員にとって、そしてOJTトレーナー自身にとってOJTを進めやすい環境にできるか考え、自分から積極的に周囲を巻き込んでいくことが大事です。

3 OJTトレーナーにふさわしい年齢は？

悩みのあるある

入社10年目までをOJTトレーナーの要件にしている会社です。その年代がいなければ、40代以上でも担当できますか。

アドバイス1　寄り添う気持ちと熱意があればできる

一般的にOJTトレーナーには20代後半から30代の中堅層があたることが多いようです。ある程度、仕事ができるようになり、かといって新入社員と年齢が離れすぎてもいないという年ごろの人々です。リーダーシップの開発が期待される年代でもあります。とはいえ、組織によってはちょうどよい年齢のメンバがいないこともあります。本書2項であげたように新入社員に寄り添っていけば、OJTトレーナーの年齢には左右されず、育てることは可能です。

ある時、「OJTトレーナー研修」に50代の男性が参加しました。「若いころにOJTトレーナーを一度やったことがあって、自分が若かったこともあり、いろいろと思い残すことができてしまった。あの時、ああしていれば、こうしていればと反省しきり。自分が50代になってキャリアも総括する時期が近づいてきたことから、どうしてももう一度OJTトレーナーをやりたい、あの時の自分の反省を生かし、もう一度、新入社員を自分の手で一人前に育てたいと思った」そうです。

マネージャに「OJTトレーナーをやりたい」と申し出たら、最初は反対されたと言います。「今さら50代のあなたがやらなくても」とも言われたそうですが、「自分の仕事の集大成の意味もあるし、育ててくれた組織への恩返

しをしたいという気持ちもあります。ぜひやらせてください」という熱意に押され、マネージャは了承してくれたとのこと。

新入社員からすれば、これだけ育てることに熱意をもっている人がOJTにあたってくれたら、その熱意に応えて大きく成長するのではないかと思った出来事です。

📖 アドバイス2　メンターとして見守る方法もある

企業によっては同じ部署内の先輩、後輩の関係で行うOJTとは別に、メンター制度を設けているところもあります。メンターはよく「斜めの関係」と言われ、他部署の先輩がアサインされます。OJTトレーナーが日々、同じ部署で業務を教えるのに対して、メンターは月に1回くらいの「面談」を通じてキャリア開発の支援や異なる部署の先輩ならではの会話（他部署の仕事を知る、直属の先輩には話しにくいことを話題にするなど）の相手になります。

ある企業で、60歳くらいの人がメンターを担当したことがありました。定年間近のメンターは経験豊富で、精神的にも落ち着いて構えているので、会話中も新入社員の悩みや不安などをじっくり傾聴し、緩やかに新入社員自身が答えを見つけていくよう導いていくことができたようです。まさに年の功が機能する例と言えるでしょう。

新入社員は、どうしても同世代とのコミュニケーションが多くなりがちです。同期とは密に会話ができても、年齢の異なる人とのコミュニケーションは希薄になります。50代、60代のOJTトレーナーやメンターは社内外人脈もそれなりにもっていることが多いため、新入社員にとっては、人脈づくりをサポートしてくれる存在としても重要な役割を果たすこともできます。

気をつけるべき点があるとしたら、育った時代の違いがネガティブに作用する可能性があることです。人は多かれ少なかれ、自分が育てられた時代を基準に考えやすいものです。50代、60代の感覚があまりに古いと、イマドキ

の若手にとっては違和感しかないということは十分考えられることです。例えば「私が若いころは上司より早く出社するのが当たり前だったが、今はいいね」「昔は残業120時間なんて普通にあった」といった"武勇伝"をとうとうと語ってしまい、新入社員からは、感心するどころか「大変でしたね」と言われてしまった、とこぼすのを聴いたことがあります。

　OJTトレーナーもメンターも、自分の「常識」を見直し、学び直しができれば、年齢差はさほど大きな問題にはならないはずです。これまでは50歳を超えると新しいことに挑戦する機会もなかなか与えられてきませんでしたが、「70歳まで働く時代」の今日、50代であれば、70歳までまだ20年もあります。そう考えると、まだまだ挑戦も成長も必要です。50歳を超えてOJTトレーナーやメンターを担当しているというのは、ミドル世代以上のキャリア形成にとっても意義があることです。

図表1　OJTトレーナーとメンターの違い

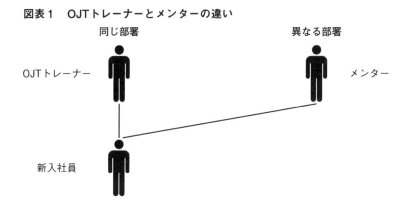

4　自分の指導に自信がもてない

悩みのあるある

　間違ったことを教えているのではないか、他の人が育てたほうが新入社員の成長のためにはよいのではないか、私でいいのか、とずっと迷っています。

☝アドバイス　「あなたがよい」を任命者は伝えたい

　OJTトレーナーはたいていの場合、マネージャから打診され、本人も納得したうえで任命されています。企業によっては、他者の育成に興味関心の高い人が「自分がなりたい」と手をあげ、それをマネージャも承認したうえでOJTトレーナーになるケースもあります。いずれであっても大事なのは、マネージャが「OKと考えて任命した」という点です。

　自分なんかでよいのだろうか、と迷う気持ちはわかります。でも、あなたでよいのです。あなたがよいのです。

　入社からほんの数年というOJTトレーナーは、「まだまだ成長途上で、先輩に教わることも多い自分でいいのか」という点を特に迷うようですが、それは、「何も知らない、右も左もわからない人」に知識や技術を伝えるのは、「酸いも甘いもかみ分けられる、なんでも知っている立派な人」というモデルを頭に描いているからでしょう。

　しかし、OJTトレーナーは後輩の成長に寄り添い、わからないことは一緒に学び、後輩とともに成長していけばよく、万能さが求められているわけではありません。VUCA（Volatility、Uncertainty、Complexity、Ambiguityの略。変化が激しく、不確実、複雑で、あいまいな状況を指す）と言われるこの時代において、何が正しいか、すべての答えがわかっている人などそも

そもいないのです。

　試行錯誤しながら、時にかっこ悪い姿も見せながら、後輩とともに成長していければよいのであって、気負わなくても大丈夫です。

　そもそも、OJTトレーナーを担当するのが誰であっても、多少の不安は感じるものです。若手であれば「自信がない」、中堅のベテランであれば「年齢が離れているけど大丈夫だろうか」と口にします。だからこそ、任命するマネージャは、OJTトレーナー担当になった部下に丁寧に説明する必要があります。

　「なぜあなたを指名したのか」「どういうことを期待しているのか」「マネージャとして自分はOJTをどう支援するつもりか」など、OJTトレーナーになることへのモチベーションが刺激されるよう、任命するマネージャには、よい言葉を投げかけていただきたいと思います。

　この時、間違っても「ほかにいなかったから」「年次的に順番だから」などと言ってはいけません。「あなたに担当してほしい」前向きな理由をマネージャ自身の言葉で伝えることが大切です。

5 OJTトレーナーの心構え

OJTトレーナーに任命されたので、自分なりに心の準備をしておきたいのです。どういう心構えをしておけばよいですか。

✋アドバイス1　自身のキャリア観を意識する

　他者の成長支援を担うOJTトレーナーは、第一に人の成長、他者の成長支援に関心があり、そのための知識やスキルをもっていることが大事です。これは前述したとおりです。

　「成長する」ということは、キャリア開発の一部ですから、「キャリア」についてもある程度の考えをもっていたいものです。

　OJTトレーナーに「○○さんはどういう人になりたいの？」と尋ねられた新入社員が、答える代わりに「先輩はどういう人になりたいんですか？」と質問で返してきたことがあります。答えを準備していなかったOJTトレーナーは、言葉に詰まったそうです。

　「自分自身がまずキャリア観をもっていないとダメなんだなと反省しました」と話してくれました。

　OJTトレーナーは、新入社員の成長を支援するため、仕事を教えたり、業務を一緒にやって覚えさせたり、と実務的な面ばかり意識されますが、実際には、「キャリアの入り口」に立つ将来ある若者の、今後数十年にわたるキャリア開発の最初の伴走者でもあります。後輩のキャリア開発を支援するOJTトレーナー自身が自分のキャリアを語れることが重要なのは言うまでもありません。

アドバイス2 　自社の支援制度を把握しておく

　自社のキャリア開発支援制度についての知識ももっていたほうがよいでしょう。企業側では、社員のキャリア開発や能力向上のために様々な施策を用意しているものです。それをOJTトレーナーが理解しておくことで、新入社員にも適切な指導やアドバイスができるようになります。

　「新入社員が、『プログラミングの勉強をしたいけど、自腹で払える社外のセミナー代はがんばっても5000円までです』と言っていたので、調べてみたら、社内にeラーニングもあれば、社外セミナーの費用補助制度もあったので、慌てて教えてあげました。知らなかったら、まだ給料がさほどないはずの後輩にお金を使わせてしまうところでした。OJTトレーナーになったら社内の制度、人事や教育関連の社内ポータルサイトは一通り目を通しておいたほうがいいですよ」

　これは、あるOJTトレーナーの話です。別の企業の人事部長も、

　「うち、社員が育つ仕組みとか支援が相当充実していると思うのですが、頻繁にアナウンスしているつもりでも、利用する人が少なくて。あれがない、これがないと不満はよく耳に入るものの、制度があっても使わない、情報を取りにこないというのはもったいない。人事の広報の仕方も改善の必要はあると思っていますが、社員も自分から情報を集めてほしいんですよね」と話しています。

　みなさんが知らない制度がまだまだ社内にあるかもしれません。不満を口にする前に人事部に問い合わせたり、人材育成ポータルサイトをのぞいたりすると有用な情報を発見できる可能性があります。企業側が用意している様々な制度や仕組を新入社員の成長支援に上手に役立ててください。

6　OJTトレーナー研修の意義

　「OJTトレーナー研修」が人事部主催で予定されています。参加したほうがよいのですか。

👆アドバイス1　　成長支援のスキルは学んだほうがよい

　結論から言えば、Yesです。会社がOJT制度を立ち上げ、OJTトレーナーを任命して、新入社員の育成を頼んだよ！　と言われても、仕事を教えたり、褒めたり叱ったりする知識も経験もなければ、自己流で後輩指導にあたらざるをえません。

　人は、自分が育てられたように人を育てる傾向があります。例えば新入社員時に「あまりかまってもらえなかった」、いわゆる放置状態にあった人は、いざ自分がOJTトレーナーを担当することになっても、新人を育てる方法があまり思いつかず、放置してしまいがちです。一方、褒め上手な先輩に育てられた人は、褒め言葉のストックがあるので、褒めることに躊躇がありません。同様に、厳しく言われた経験がある人は、時に厳しく指導することも後輩のためになると体感していますので、自らも実践できます。経験に基づく自己流が悪いわけではありませんが、人の成長支援に関する基本的な考え方や日々の接し方、教え方などの知識とスキルは理屈も含めて学んだほうがよいのです。

　私が担当するOJTトレーナー研修では一般的に以下のような内容を扱います。

　 - OJTとは何か。OJTトレーナーの役割はどのようなものか

- 周囲をどう巻き込めばよいか
- 人材像の考え方や「育成計画」を立てる際のポイント
- 関係構築、仕事や考え方の教え方やコーチングの仕方

　OJTトレーナー研修は、多くの企業で新入社員配属の1か月～2週間前くらいに開かれ、受講したOJTトレーナーは、そこからOJTの準備に入ります。ただし、中には、OJTが開始されて1か月くらい経過してから、OJTトレーナー研修を開催する企業もあります。事前準備は自力で行い、自分なりに考えて試行錯誤しながらOJTを進める中で、日々困っていることも明確になってきたころにOJT研修を行うと、学んだことを吸収しやすいという考えに基づいています。

　研修は、どの時期に開催しても一長一短あります。事前に研修を行えば、準備に時間はとれますが、スキルを使うまでには数週間ありますから、学んだことを少し忘れかけていることが考えられます。OJT開始後に研修を行うと、「もっと早く知りたかった。この1か月、本当に苦労した」と言われることもありますが、「もっと早く受けたかった」といった必要性がひしひしと感じられている時だからこそ、高い学習効果が得られると考えることもできます。

🤚アドバイス2　トレーナー同士の人脈も広がる

　研修では、知識やスキルを学ぶだけではなく、同じ立場同士で、「新入社員をどう育てたいのか」「OJTに対する期待や不安は何か」などを語る時間も設けています。これにより、不安を共有し、対処のためにどういう準備をすればよいかもわかるので、不安や疑問の払拭になり、すべきことが整理できるようになります。また、様々な部署の人が集まりますので、OJTトレーナーが社内人脈をつくる機会にもなることに加え、他部署の考え方や取り組み方を知ることもできます。

　一般に、自分の部署についてはよくわかっていても、他部署のことはあま

り知らないものです。新入社員の成長支援を担うにあたっては、他部署の仕事、ひいては会社全体を理解していることは、新入社員が仕事の全体感を理解できるような指導をする際に役立ちます。

　OJTトレーナー同士の人脈を生かして、「新入社員のための合同勉強会を開催した」という例もあります。それぞれの部署で同じような勉強会を開くより、新入社員を集めた勉強会としたほうが、コストが抑えられるだけでなく、新入社員同士のつながりも広げられます。できるだけ効率よく、かつ高い効果を出せるように、協力できるところは、部署を超えて協力し合うのもよいアイディアです。

　研修会に参加することは、直接的な効果があるだけでなく、OJTにおいての助け合いにもつながるなど、OJTトレーナー自身の活動にも有用です。

7 日々、心がけたいことは？

悩みのあるある

　日々の業務にかまけて、新入社員に声をかけることができない日もあります。初期の決意を忘れないようにすることはできますか。

✊アドバイス　自分なりのToDoリストを作成する

　OJTトレーナーに任命され、自ら学習したり、会社が準備した「OJTトレーナー研修」を受けたりすると、その時は、「新入社員にこう向き合おう」「こういう指導をしよう」と決意するものです。しかしOJTトレーナーは、自分の仕事をこなしながら、後輩の面倒も見ることとなるので、いざ新入社員が配属されると、忙しさから心がけようと思っていたことをついつい忘れがちになります。

　例えば、「孤独を感じさせないよう毎日、1回は声をかけよう」と決意していても、自分の業務に追われ、定時後に「あ！　今日、声かけるの、忘れていた」と思い出すなどは珍しくありません。それを防ぐために、自分なりのチェックリスト（ToDoリスト、リマインダーリスト）をつくることはおすすめです。

　OJTトレーナー研修でも「自分のためのチェックリスト」を作成するワークを行うことがよくあります。図表2は、その際にチェック項目としてあげられた例をまとめたものです。研修内で学んだことや研修内でのディスカッションで気づいたこと、感じたことを生かした、自身に対する問いになっています。

　こういうセルフチェックリストがあると時々、自分自身のあり方を戒める

ことができます。電子的なファイルでも手書きでも、あるいはスマホなどの
チェックリストアプリやメモ帳を使うのもよいでしょう。すぐ確認できると
ころで保管するなど、目に触れやすい方法を工夫しましょう。

図表2　OJTトレーナー用セルフチェックリスト（例）

カテゴリ		チェック項目
周囲の巻き込み		組織全体でOJTにあたっているか？ 周囲を巻き込んでいるか？
進捗管理		OJTの進捗状況を周囲と定期的に共有しているか？
コミュニケーション（量）		1日1回は新入社員に話しかけているか？
	テレワーク版	1日1回、5分でもよいから、オンラインでつないで会話する機会をもっているか？
コミュニケーション（質）		一方的に話さず、新入社員の話も丁寧に傾聴しているか？ 新入社員の「今日1日」を思い出せるか？
	テレワーク版	出社する日を合わせて、2週間に1回はオフラインで会話しているか？
フィードバック		改善点の指摘に終始せず、よい点も伝えているか？
関係構築		新入社員のほうから話しかけられているか？
働き方		OJTトレーナー自身が楽しそうに仕事をしているところを見せているか？
状況の把握		新入社員の笑顔や笑い声を1日1回は見聞きしたか？

8　OJTトレーナーを担当するメリット

悩みのあるある

　OJTトレーナーに任命されました。「できるだけ3年目が担当する」ことになっているので順番がきたという感じですが、後輩の面倒を見るのは時間ばかりかかりそうで気が進みません。

✌️ アドバイス　　人に教えることで、自分も学べる

　以前、ある企業がOJT制度を立ち上げた初年度の「OJTトレーナー研修」を担当しました。研修初日に集まった新任OJTトレーナーの多くは、「OJTトレーナーを担当するのは楽しみ！」と話していましたが、「なぜ後輩の指導などしなければならないのか」「業務でいっぱいいっぱいなのに、このうえ新入社員を教えるなんて無理だ」といったネガティブな気分で参加している人も2割くらいいました。OJTトレーナーとなるにあたってのモチベーションに、相当ばらつきがあったのです。

　ネガティブな意見の中には、「自分が新人の時には、OJTなんて制度なかった」「今の新人にはどうしてこんなに手厚くしないといけないんだ」「自分の仕事が減るわけじゃないのに、後輩指導まで付加されて、困惑しかない」といったものもありました。これらの思いは理解できなくもありませんが、せっかく担当するのであれば、もっと前向きに楽しくOJTに取り組んでほしいと思い、研修を進めました。

　この研修では育成計画を立てたり、新入社員との1on1ミーティングの仕方をロールプレイで体験したりと、少しずつOJTの準備を進めていきました。どうしてもネガティブな気分から完全には抜け出すことができない場合は後日、人事部がOJTトレーナーと個別に会話することとし、この研修自体

は終了しました。

　それから半年後、OJTトレーナー向け「フォローアップ研修」を開催しました。これまでの新入社員のOJT指導を振り返るためのものです。再び集まったOJTトレーナーから、こんな発言がありました。

　「最初は、嫌で嫌で仕方ありませんでした。この前の研修の時も、『本当に自分のためになるのかな？』と半信半疑で話を聴いていたけど、実際、新入社員が配属されて、OJTをしているうちに、意外に楽しいなと思うようになりました。まず何よりも、自分じゃない誰かが成長していく姿を見るのはとてもうれしく楽しい。自分の知識や経験の振り返り、棚卸しにもなる。間違えて覚えていたことなどに気づけたし、新しく学び直したこともあります。OJTトレーナーを担当してよかったなと思います」

　最初の研修時に、強く否定的な意見を口にしていた人が明るい笑顔で楽しそうに話していました。人に教えるという行為があればこそ、自分の間違いや勘違い、浅い理解など、気づけることは多々あります。ピーター・ドラッカーも、「人に教えることほど自らの勉強になることはない」「人の成長に手を貸すことなく自らが成長することはありえない」とその著書『マネジメント』の中で述べています。

　このOJTトレーナーが話してくれた、人が成長する様を見ているだけでも楽しいというのもわかります。立派に成長する姿を見たら、「この後輩の育成に関わったのは、私だ」と心の中で自負することもあるでしょう。

　ほかにも、グループディスカッションの際、たまたま同じグループになった二人が、研修中に「現在、担当している案件」について話が及び、意気投合。後日、互いの部署で一緒にその案件に取り組むこととなり、成果につながったという例も報告されました。

　「OJTトレーナーをして、その研修に参加したことで、自分の人脈も広がったのは、仕事をするうえで得られた価値でもあります」

　このようにOJTトレーナー同士で人脈が広がる例は、よく耳にします。OJTトレーナーを担当することで得られるものは多いのです。

9 OJTトレーナーも成長目標を設定する

悩みのあるある

OJTトレーナーとしてどのような力が身につくのでしょうか。自分のためにもなるなら、OJTトレーナーとしての自分のゴールも決めておくのはどうですか。

✍️アドバイス　　学び直しもあれば、他者理解も進む

新入社員とOJTトレーナー、そのマネージャの三者に毎年、アンケートをとっている企業があります。そこでは、マネージャに、新入社員の成長ぶりだけでなく、OJTトレーナーの成長についても尋ねています。

多くのマネージャからは、「OJTトレーナーが成長している」との回答があり、「周囲とのコミュニケーション力が上がった」「忍耐力がついた」「リーダーシップ（周囲への影響力）が高まった」などの具体的なコメントが並びます。新入社員の成長を支援するOJT制度ではありますが、指導するOJTトレーナーにも大きなメリットがあることがわかります。

自分以外の誰かを教え育てることは、自分の成長にも深く関わる機会になります。自分にわかることを他者に理解させるためには、相手の状態を把握する力や上手に説明する力も磨かなければなりません。スムーズにOJTが進まなければストレスもたまりますので、自分自身のストレスマネジメント力も高める必要が出てきます。大勢で育てるために周囲を巻き込むには、自分のリーダーシップ力が試されます。

OJTトレーナーを経験した人は、必ず、「やってよかった」と口にします。
「大変だったけど、自分のためになった」
「自分が間違えて覚えていたことを再確認できた」

「もう一度学び直した」

「自分が新人だったころ、先輩がどれほど忍耐強くつき合ってくださっていたのか、今になって感謝の気持ちがわいてきた」

「新人のころ叱ってくれた先輩がどんなに勇気を出していたのか、今なら理解できる」

など、業務知識の学び直しもあれば、その立場、役割になってこそ進む他者への理解など、多くの気づきと学びもあるようです。

OJTトレーナーを経験することは、OJTトレーナー自身の成長機会になることは間違いありません。であれば、成長を「気づいたら副産物として得られたもの」にするのではなく、最初から、何を目指すのか、目標を立てておくほうが、達成できたかどうか、より明確になります。

私は、OJTトレーナー研修の最後には、「OJTトレーナーとしての自身の成長目標」を立てるワークを必ず取り入れています。その際、参加者は以下のような目標を掲げています。

 - 人に説明する力を高め、顧客に話す際、商談などでも効率的効果的に説明し、仕事の成果を上げる
 - OJTを進めながら、自部署の「新入社員育成マニュアル」を整備する
 - 自分が育てる新入社員が2年目社員になった時、OJTトレーナーになれることを目指して、指導力を磨く

これらの目標を立てておけば、OJT終了時点で、「達成できたかどうか」を自身で振り返ることができるだけでなく、マネージャとの面談でも「私、ここまでやったので、評価してください」と自信をもって言うこともできるでしょう。

10　OJTトレーナーを複数回、担当する意味

悩みのあるある

　だいたい3〜5年目の社員がOJTトレーナーになるのですが、たまたまちょうどよい年次の社員がいなくて、10年目の私がOJTトレーナーを担当することになりました。2回目のメリットはありますか。

✍アドバイス　　初回の反省を踏まえた育成ができる

　「1回目は、たしか25歳くらいの、今思えば、自分が相当未熟な時期でした。新入社員とも年齢が近くて、自分にまだ余裕もないから、常にイライラしていた気がします。自分の仕事もあるのに、後輩はしょっちゅう割り込んでくる。一度教えたはずでも何度も聞きにくる。仕事の調整にも苦労しました。

　30代になってOJTトレーナー2回目を経験した時は、自分の意思で仕事の調整ができるようになっていたので、新入社員のOJTをしながら、自分の仕事でもいっぱいいっぱいになる事態は避けられました。『これ、後回しでいいや』などと、仕事の進め方についてマネージャにいちいち相談しなくても判断できるからです。年齢を重ねたことで、小さなことにイライラすることもなくなりました。『そうだよなぁ、わからないよなぁ、1回聴いたくらいじゃ、できないよね』と穏やかに受け止め、もう一度落ち着いて説明できるようになりました。周囲の巻き込みもうまくなった気がします。1回目は、孤立無援だった記憶がありますが、若すぎて周りの人を巻き込む力、協力を得る上手な依頼の仕方ができなかったのだと、今ではわかります。そういう意味で、OJTトレーナーを2回、経験するのはおすすめです」

　OJTトレーナーを2回担当するとよい、という話は、多くの企業で耳にし

ます。1回目に心残りがあったこと、今だったらもうちょっとこうするのに、と描く理想のやり方などを、年齢を重ね、経験も増えた数年後にもう一度、OJTトレーナーを担当することで、よりうまく行えるというのです。

OJTトレーナーというのは、自分とは異なる存在＝新入社員に仕事を教え、社会人としての成長を支えていく、またそのために周囲を巻き込んで進行する役割を担います。繰り返しになりますが、これはまさにリーダーシップの経験です。

1回目、2回目と回数を重ねると、リーダーシップがより磨かれます。1回目の反省点を2回目に生かすこともできます。1回目にうまくいったが2回目の別の新入社員にも通用するとは限らず、新しい工夫が不可欠です。このようにOJTトレーナー側にも学習が求められるのです。

OJTトレーナーという役割を通して他者と仕事をする力が磨かれ、いつか複数のメンバを抱えて仕事を進めるチームのリーダー、さらにもっと大きな組織のリーダーになった際に、この経験が生かされますので、機会があるなら、何度か担当してみるのは悪いことではありません。

ただし、マネージャが「この人なら後輩を上手に育ててくれるから」と毎年同じ人ばかりにOJTトレーナーを担当させることは、感心しません。人を育てる機会は、できるだけ多くの人に設けたほうがよく、そのため人事部などからは「できるだけ未経験者がOJTトレーナーになってほしい」という意向が伝えられます。人を育てる経験をいろいろな人がもっていることで、「人の成長支援は組織の課題」という認識も共有されます。

それが広がれば、その組織は自然に「全員で育てる、人が育つ組織」に変化していくことでしょう。

周囲を巻き込み、みんなで育てる

育成は計画的に行うべきもので、行き当たりばったりで行ってはいけません。新入社員の成長には、OJTトレーナーだけでなく、大勢が関わることもOJT成功の秘訣です。

11 大勢で新人を育てるメリットと具体策

悩みのあるある

　新人の育成は、一人が担当したほうが、外野の雑音が入らず、自分の考えに沿って教えられると思います。大勢で育てるほうがよいのですか。

✌️アドバイス1　学びに広がりと深みをもたらす

　OJTトレーナーの役割として「周囲を巻き込み、大勢で育てること」を前章で取り上げました。では、なぜ大勢で育成に関わるほうがよいのでしょうか。それは、大勢の知識やスキル、価値観や考え方に触れたほうが新入社員の学びに広がりと深みをもたらすことができるからです。

　OJTトレーナー一人の知識やスキル、経験には限りがあります。得意、不得意もあります。多くの人が新入社員の成長に関われば互いの知識、スキル、経験を補完し合うことができます。例えば、最新技術の知識は豊富でも、ビジネスマナーを教えるのは多少、心許ないOJTトレーナーがいるとします。そんな場合でも、ビジネスマナーを上手に教えられる別の先輩が細かく指導してくれれば、新入社員は多くを学ぶことができます。

　それだけではありません。OJTトレーナーが忙しい時、出張や休暇などで不在の時は、誰かが疑問に答えたり、悩みを聴くことができます。トレーナー自身も未経験なことに直面した時などは、周囲から適切なアドバイスが得られることもありますので、新入社員の指導が手薄になることはありません。新入社員の待ち時間を減らし、タイムリーな指導が可能となるのです。

　多くの人の協力を仰いで、大勢の関わりを得ながら新入社員の成長を支援する体制ができていれば、結果的に、若手の成長スピードは速くなります。

人は社会の中で育っていくものです。大勢と接する中で、多くの知恵を吸収し、他者の目があれば、自立する気持ちがより強く芽生えることも期待できます。OJTトレーナーに任命されるとどうしても張り切ってしまいますが、一人で全責任を負って育てるのではなく、周りを巻き込んで育てることがOJTのポイントです。

新入社員に「OJTトレーナー以外も育成に携わること」「みんなからアドバイスがあること」をあらかじめ伝えておくことも大事です。この点を理解していないと、OJTトレーナー以外の人からいろいろ言われる理由がわからず、新入社員が困惑することも考えられます。全員で育成に関わるのだということを前もって説明しておけば、新入社員は、誰からの指導でも素直に耳を傾けることでしょう。

👆 アドバイス2　手伝ってほしいことを具体的に伝える

周囲の同僚たちに、「新入社員のOJT、手伝ってよ」と声をかけても、全員で育てる風土が整っていなければ、「手伝って」という声かけだけで、OJTへの支援を期待するのは難しいものです。「うん、わかった」と反応してもすぐには動いてくれなかったり、「私、OJTトレーナーじゃないし」などと、積極的な協力が得られなかったりすることもあるでしょう。「手伝って」と言われても、何をすればよいか、わからないからです。

周囲を巻き込む方法は3つあります。

1つ目は、マネージャなどその組織の長にメッセージを出してもらうことです。「うちの部署の新入社員は、みんなにとっての後輩だ。だから、OJTトレーナーだけではなく、みんなが指導に関わってください」「このチームの後輩を早くひとり立ちさせることがチームの生産性を上げ、いいチームにする道だから、OJTトレーナーだけに任せず、気づいたことはなんでもサポートしましょう」などと会議の場ではっきりと言ってもらいます。

マネージャの言葉にはとても影響力がありますので、「みんなで育てる」

「みんなでサポートしてよい」と意思表示することで、周囲が動きやすくなります。

　2つ目は、メンバがOJTの状況を常に共有できるようにすることです。どういう計画で育成しようと思っていて、その予定に対して実績はどうか、現状、新入社員はどういう仕事をしていて、今後どういった仕事を覚えていく予定なのか、などの計画と実績が、OJTトレーナーからチーム内に伝わっていると、サポートしやすくなります。

　3つ目は、具体的な指導内容を依頼することです。「何か手伝ってください」と言われても、何をどうサポートすればいいのかがわからなければ、簡単に手伝えるものではありません。そこで、

　「新入社員が『経費精算の仕方』がわからないと言っているから、経費精算システムの使い方と経費精算の考え方を教えてくれる？」

　「社外の方との会議に出たことがないので、来週、社外会議があったら、同席させてもらえないかな」

など、サポートしてほしい具体的な内容をセットで依頼することで周囲もOJTに関わりやすくなります。

12　周囲の協力を上手に得るには？

　自部署の人だけでなく、他部署の人にも育成に関わってもらえたらよい
と思っています。多くの人が自然と新入社員の育成に関われる仕掛けはあ
りますか。

🖐️アドバイス1　**お菓子コーナーを新人の席横につくる**

　周りに「手伝って」「これをやってほしい」とタスクごとお願いすること
が大事だと前述しましたが、「ついつい周囲が関わってしまう」ような状況
をつくってしまうのも一つの方法です。

　職場にはたいていお茶セットが置いてあるコーナーがあります。そこにお
土産などのお菓子が置いてあるのもよくある光景です。

　あるOJTトレーナーは、みんなでお金を出し合って買う共有のお菓子が入
った籠を新入社員の席の端に置いてみました。お菓子には、人を引き寄せる
効果があるようで、職場の様々な人たちがお菓子をとりに来ます。お金を出
し合ったとはいえ、無言でとっていくのは気が引けるらしく、たいていの人
が新入社員にひと言ふた言声をかけるようになりました。

　「今、何しているの？」

　「○○の作業をしているのかな？」

　それがきっかけとなって、新入社員と自己紹介し合ったり、「ここがわか
らなくて困っているところです」と口にした疑問に先輩が答えたりといった
ことが自然に起こったのです。

　お菓子を介在させて多くの人が新入社員と交流をもつこととなり、誰もが
1回は言葉を交わすという状況を簡単につくることができました。

別のOJTトレーナーからは、「新人を、共有のお菓子を買ってくる担当にしたら、ちょっと面白いことが起こりました」という話がありました。

　「新入社員にお菓子を買ってきてもらうと、今まで私たちが選んでくるようなお菓子と基本的にチョイスが違うんです。それで、マネージャや先輩たちが『これって、有名なキャラクターなの？』『これ、流行っているの？』などと質問し、新入社員がそれについて語ることで徐々に職場になじんでいきました。食べ物って、人と人とを結びつける力がありますよね」

☝️ アドバイス2　自部署の理解を促す「職場インタビュー」

　テレワークが進むと、お菓子を介した関係づくりは実現しづらくなりますが、「職場インタビュー」はオンライン会議ツールを使ってリモートでも実現可能であり、距離の離れた拠点の相手とも会話の機会をもちやすく、さらに多様な人脈づくりにつなげられます。

　多くの職場で実践されている進め方は次のとおりです。

　- 新入社員から部署内のマネージャや先輩にアポをとる
　- 時間を決めて、1対1で会話する（30分）
　- その先輩のキャリアや業務について新入社員がインタビューする
　- 聴いた内容を日報にまとめて、報告する

　先輩にアポをとる過程でビジネスマナーを再確認でき、さらにインタビューを通じて他者の業務を理解し、部署全体への理解も深まります。また、インタビューに応じてくれた先輩たちとは1回は会話しているので、その後も言葉を交わしやすくなりますので、社内人脈が広がっていきます。

　先輩にとっても、自分の仕事を新入社員に語ることを通じて、携わっている業務が再確認でき、モチベーションが上がる機会にもなります。

　OJTトレーナーがすることは「職場インタビュー」を事前に周囲にアナウンスするだけです。それ以降のプロセスは新入社員に任せます。

　新入社員にとって、社内に知り合いが増えれば仕事のやりやすさも高まり

ます。自部署内のインタビューが終わったら、他部署にも「職場インタビュー」の協力を仰ぐとよいでしょう。この時、「OJTトレーナー研修」で培ったトレーナー人脈が役立ちます。

✍️ アドバイス3　あえて足を運び用件を伝えさせる

　各部署から上がってくる書類をチェックし、「ここを修正して再度提出してください」などとメールで依頼する役割を担う部署に新入社員が配属されました。「名前も覚えてもらっていないうちは相手を直接訪ねて、口頭でも依頼するように」と新入社員に伝えます。「敬語など表現力も未熟だから、不快に思う人も出てくるかもしれない。失礼だと思われないため、また新人を覚えてもらうためにも、2か月くらいは足を運ばせよう」と考えてのことです。

　新入社員が各部署に足を運んで会話する中で、あちこちの部署の先輩社員からいろいろな指導を受けることができました。ある人は、書類について話したついでに、「さっきのメール、ちょっと敬語の使い方がおかしかったよ。この場合はこういうふうに書くといいよ」と教えてくれました。「もっと笑顔で元気よく話したほうが、いろいろな部署の人ともいい関係が築けるよ」とフィードバックしてくれた人もいました。

　行く先々でちょっとしたことを教わってくるため、新入社員は知らず知らずのうちに多くを学んで成長していきました。電子メールなどデジタルで済むことをあえて足を運ぶというアナログな方法をとったことで、自然に周囲が育成に関わってくれ、結果的に新入社員が多様なことを学べた例です。

　テレワークが主体になると、足を運ぶことは減りますが、メールやチャットを送るとともに、オンライン通話やオンライン会議で直接会話する場を設けることで、似たようなことは実現できます。OJTトレーナーからは関係各部署に、「直接会話させる意図や目的」をあらかじめ伝えておくと、受け手側も「OJTの一環だ」と理解でき、協力を得やすくなります。

社内の仕組みやツールを大いに活用する

　ある企業では、月に1回OJTトレーナーと新入社員の懇親会が開けるよう、「コミュニケーション費用」として会社が負担してくれる仕組みがあります。1対1では気を遣いすぎてしまうので、その席に「ゲストを一人招いてよい」ということになっており、それを「ゲスト制度」と呼んでいます。

　ゲストは新入社員が決めます。最初は部内のマネージャや先輩に声をかけていきますが、ゲストとして招ける対象が全社員であることから、社内事情が少しずつわかるようになるにつれ、他部署にも声をかけ始めます。

　「うちの新入社員が副社長を招待したんです。とてもびっくりしましたが、副社長は快く会食に同席してくださいました。新入社員は、経営層と直接会話する機会を初めて得て、いろいろ聞きたかったことを質問していました。もちろん、私にとってもめったにお会いできる相手ではないので、とても勉強になりました」と、あるOJTトレーナーが話していました。

　後日、副社長からOJTトレーナーにメールが送られてきました。「まさか自分にお誘いがくると思っていなかったが、誘ってもらえてとてもうれしかった。普段、若者と会話する機会もないので、自分にとってもとてもよい時間を過ごせた」と書いてあったそうです。

　このような制度を設けることで、新入社員は堂々と他部署の人、普段であれば接点をもちにくい人にも連絡をとり、会話する機会が得られます。仕組みを設けるだけでなく、全社にアナウンスし、理解を得ておく必要はありますが、全員が認知していれば、招待された側にとっても、モチベーションが上がるイベントになりそうです。

　テレワークでOJTを進める場合でも、オンラインでのミーティングに様々な部署の人に交ざってもらうゲスト制は実現しやすそうです。互いに移動の時間をとられずに済み、物理的に離れた拠点、場合によっては海外拠点ともつないで、新入社員と会話の機会をつくることがより簡単になりました。

13　OJT未経験の職場でも大丈夫

　数年ぶりに新入社員が配属されます。育成に関するノウハウが全くなく、部署全員でドキドキしています。

アドバイス　　大勢の知恵や力を借りる

　全国に支社支店がある企業の例です。ある年、地方の小さな支店に初めて新入社員が配属されました。

　支店長は朝礼で「支店始まって以来の新入社員だ！　しっかり全員で育てよう」と全員に宣言するほど張り切りました。30代の中堅社員がOJTトレーナーとして任命され、OJTトレーナー研修を受けることになりました。支店長は、OJTトレーナー研修に先立ち、OJTトレーナーとともに、新入社員の1年後の「人材像」を考えたり、「育成計画」のたたき台をつくったりしました。おかげでこのOJTトレーナーは、ほかの誰よりもOJTへの準備を整えて研修に臨んでいました。

　新入社員が配属されてからは、OJTトレーナーが日々、新入社員に仕事を教え、毎日の振り返りを行いました。「支店全員で育てよう！」と意識合わせはできているので、OJTトレーナー一人でがんばらなくても、誰彼となく新入社員に声をかけ、仕事を教え、大切に育てます。支店長も毎週金曜夕方に新入社員との1on1ミーティングを続けました。

　支店長は人材育成に関して勉強し、1on1ミーティングに工夫を凝らします。最初の数か月は「今週はどういう仕事をしたの？」「今週新しく学んだこと、身についたことは何？」という質問を中心に、主に振り返り支援に力

を注ぎました。

　秋ころになると、「過去ばかり聞いているのはよくないのではないか。仕事もだいぶ覚えてきたから、未来を尋ねる質問に切り替えよう」と考えた支店長は、「来週はどういう仕事をする予定？」「どんなことを学ぼうと思っている？」「何に挑戦してみる？」などの質問も投げかけるようにしました。

　これまで過去を振り返ることだけをしていた1on1ミーティングで「未来」を聞かれるようになると、新入社員は自分でやることをより一層深く考えなければならなくなります。どういうことに取り組もうかと翌週の仕事を自分事でとらえるので主体性も育ちます。口にしたことは遂行しようと意識も高まります。

　このように支店長自らが育成に熱意を注ぎ、OJTトレーナーも周囲を巻き込み、アイディアをもらったり、実際に力を借りたりして新入社員の成長を支援しました。

　数年後、この企業の人事部の方と話をする機会がありました。

　「あの支店、その後いかがですか？」

　「それがですね、『〇〇支店は、人を育てる支店だ！』と本社役員にまで評判が届き、あれ以降、毎年、新入社員が配属されるようになり、支店の規模も拡張されたんです」

　この例から、OJTを実践した経験がない部署でも、全員で育てる風土が醸成できること、それをマネージャがけん引すること、OJTトレーナーも周囲に働きかけながら、大勢の知恵や力を借りていくこと。それらができれば、新入社員は育つことがわかります。研修や書籍などから得られる人材育成の知識を活用しつつ、現場のみなが常に相談し合い、意識合わせをしながらOJTを進めていくことで、人は効果的に効率よく成長するのです。

　こうやって得たノウハウを記録し、自部署ならではの「育成マニュアル」として文書化していけば、それが部署の財産となります。

14 「期待する人材像」を踏まえ育成計画作成

　新入社員のOJTトレーナーに任命されました。期間は年度末までです。来月の新人の配属までにどのような準備をすればよいのでしょうか。

アドバイス　　いつまでに何を教えるかを逆算する

　OJTは、いわば「人材育成のプロジェクト」です。プロジェクトを推進するには成果と期限の設定が必要です。どのように育成するかのゴールを定めて「育成計画」を立てるのです。

　OJT期間が配属から年度末（例えば5月〜翌年3月とすれば11か月）とすると、翌年3月末までにどういう人に育てたいか、「人材像」をゴールとして言語化します。次に、どういうプロセスでその状態にまで成長させるか計画（育成計画）を立てます。多くの企業で「OJT育成計画書」といった書式を用意しているはずです。

　人材像は、できるだけ具体的に表現します。「立派なビジネスパーソンに育てる」「一人前になること」といった抽象的な表現では、OJTトレーナーが何をどう指導すればよいか計画に落としづらく、新入社員も、「どこまでできるようになればよいのか」が理解できません。したがって「何がどれほどできればよいのか」を定義しておくのです。

　「中期経営計画」や「ミッション」「ビジョン」「バリュー」を踏まえ、「社長など経営層が常々人材について語っていること」なども参照し、「3月末までにこういうふうになっていてほしい」姿を明確にします。

　ある企業では、「期待する人材像は3つの軸で定義すること」とOJTガイ

図表3　OJTの育成計画を立てる

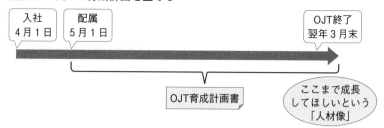

ドラインに記載しています。「ビジネスパーソンとして普遍的な要素（マインド、マナーなど）」「基本的な業務知識やスキル」「部門ごとの専門的な知識やスキル」の３つの観点です。中期経営計画などを見ると、企業としての大まかな「人材像」はあっても、部署ごとの細かい定義づけはOJTトレーナーに任されていることが多く、OJTトレーナーは上司と相談して定義する必要があります。

　「人材像」を明確にできたら、次は、「育成計画」を立てます。

　まず、翌年３月末の人材像から逆算し、いつまでにどのような知識を身につければよいか、そのために必要な経験は何か洗い出します。「９月末まにはこういうことができること」「６月までにはこれが一人でできるようになってほしい」、「いつ何を教えるか」「どのタイミングで何を経験させるか」をざっくりと「育成計画書」に落とし込んでいきます。

　特に配属から２週間程度は、どういうことを行うか、細かく育成計画を立てることが大事です。全く準備がない状態で新入社員を迎え、いきあたりばったりで指導しようとすると、空き時間をつくりかねません。新入社員を手持ち無沙汰な状態に置くことは避けたいところです。

　また、OJTトレーナーが出張などで不在の時も、「育成計画書」に従って周囲の人が新入社員のサポートができます。新入社員が困るのは、「気づいたら先輩が休暇だった」という状態です。「育成計画書」があれば、「この週にやることはこれ」と他の先輩が認識できます。これにより、新入社員がほったらかしにされてしまうのを避けることができます。

なお、「休む前にちゃんと教えておいてほしい」という訴えを何度も聴いています。最近はスケジューラーで職場メンバの予定は把握できますが、「先輩のスケジュールくらい後輩が把握すべし！」ではなく、休みをとることが前もってわかっているなら、１週間くらい前には教えておいてほしいものです。事前に聴いていれば、その時点で話すべきこと、不在時に困ったことが発生したらどうしたらよいかなどをあらかじめ確認できます。

15 ちょっとした仕事を用意しておく

悩みのあるある

「新入社員は雑用係ではない」と人事部から配られた「OJTガイドブック」に書いてありました。雑用をしてもらってはいけないのでしょうか。

アドバイス やってもらいたい「仕事」を用意しておく

人事部のOJTガイドブックにある「新入社員は雑用係ではない」というのは、そのとおりです。仕事を覚えて、メンバの一人として活躍を期待されるはずの新入社員が、配属されたら、「ああ、いいところに使い勝手のよい若者がやってきた」とばかりに、「あれやって、これやって」と仕事と仕事の関連性もなくあれこれ言われ続けたら、成長につながらないばかりか、本人のモチベーションを下げかねません。

とはいえ、配属直後は先輩から教わるだけで、自分一人でできることがほとんどないという状態も居心地が悪いものです。この点は、多くのOJTトレーナーが後日の反省として、「特に配属直後は、何をするか具体的にタイムテーブルを決めておかなかったので、何もさせることがない時間が生じてしまった。あらかじめ、最初の数週間は細かくToDoリストを決めておいたほうがいい」ことをあげています。新入社員からも、「配属直後はすることがなくて放置され困った」という声を聴くことがあります。

そこで、配属からしばらくは、それほど深い知識や技術が必要なくても、組織には貢献できる、ちょっとした仕事をやってもらうというのは、おすすめです。新入社員も「自分も仕事をしている」と感じることができることでしょう。

先輩たちがいつか取り掛かろうと思っていたけれど、なかなかその時間がとれなかったマニュアルの整備やデータの集計、仕事用書庫の片づけ、共有フォルダー内のファイルの整理など、手を動かしながら、組織の業務にも触れられるような仕事を用意しておくと、新入社員を放置せずに済みます。

　その際、「終わりました」との報告があったら、周囲の先輩たちは、「ありがとう！」「助かったよぉ！」と声をかけることが大事です。「役立つことができた」と実感できるはずです。

　ある企業では、新入社員がやってくる1か月くらい前から、新人に任せたい仕事をストックし始めます。配属されてから探しても、適切なレベルの仕事が見つからないからです。上述のような、ちょっとした仕事をためておき、配属された新入社員のすき間時間にやってもらいます。その過程で先輩たちと言葉を交わす機会を得たり、コピー機の使い方を覚えたり、社内システムの使い方をマスターしたりできます。終われば小さな達成感も味わえます。

　それが、あまりに長期間にわたるのは好ましくありませんが、配属から数週間であれば、意義があります。これもれっきとした「仕事」です。OJTトレーナーは新入社員に何を学ばせたいのか、意図をもって担当させることが大事です。

　こんなケースもあります。ITツールの使い方に長けている新入社員に「このデータをグラフにして、見やすくレポートにまとめてほしい」と任せると、さくさくと表計算ソフトを操作して、あっという間にグラフや図にビジュアル化してくれました。ベテラン社員は「そのやり方を教えてくれる？」と新入社員に依頼し、新入社員は「教える」機会をもつことになりました。自分の強みを生かして先輩たちに教えることで、組織に貢献できたと実感できたそうです。

16 「育成方針」を共有する

悩みのあるある

　新入社員が「人によって言うことが違う」と戸惑っていました。周囲を巻き込むとOJTトレーナーの指導と真逆なことを教える人もいます。何か対策はありますか。

👆 アドバイス　　言動にばらつきが出ないよう意識合わせを

　「育成計画書」を作成し、大勢を巻き込みながら新入社員の育成にあたる際、問題になりやすいのが「人によって言うことが違う」「人によって行動にばらつきがある」という点です。多様な人が働いているのですから、これ自体は当然といえば当然なのですが、こと新入社員の育成においては、ネガティブに作用することがあります。

　そこで役に立つのが「育成方針」です。OJTに取り組む際、職場のみなで共有したいことを3か条ほどで定め、意識合わせをするのです。一例をあげると、次のとおりです。

【育成方針】（例）

　– 全員で育てていることを常に意識する

　– 常に新入社員の手本、見本となるよう意識して行動する

　– チームの一員として扱う

　OJTトレーナーが不在の際、周囲の協力を得られず、新入社員が1週間、ほぼ放置状態になった例がありました。トレーナーが久しぶりに出社すると、新入社員の元気がありません。出張前に指示を出しておいた仕事は完了しておらず、「途中でどうやればいいかわからなくなって、結局終わりませんでした」とぽそっと答えたそうです。「周りに質問しなかったの？」と聞

くと、「みなさん、とても忙しそうで声がかけられなくて」とのことで、困り果てていた新入社員がいる一方で、先輩たちは、新入社員が特に何も言ってこないので大丈夫だと軽く思っていた、というのが真相でした。

このチームではOJT開始時にキックオフミーティングをしていて、「全員で育てること。自分のチームの後輩として、誰もが新入社員のことを気にかけること」を育成方針として共有していましたが、OJT開始から数か月が経ち、この方針をみんな忘れていたことも明らかになりました。

OJTトレーナーは、チームメンバーに対し、「全員で育てること」という方針をあらためて説明し、意識合わせをしました。他のメンバたちは、「ああ、悪かった。結果的に放置状態になっていたのか」「自分から声をかけてやればよかった」と反省し、再び「全員で育成に関わる」という意識が共有されました。

大勢が協力して育てる場合、育成方針の共有に加え、時々リマインドすることも重要です。もちろん、この例では新入社員にも、「質問してもすぐ応じてもらえるかはわからないものの、邪険に扱うことはないから、まずは話しかけてごらん」と自分から積極的に周囲に声をかけるよう伝えておくことも大事です。

「自分の問題を自力で解決する力を身につけよう。そのためにはまず自分が周囲に働きかけること」とOJTトレーナーが言い続けることで、新入社員の背中を押すこともできるでしょう。

17　マネージャと指導の考え方をすり合わせる

できるだけ早く社外の会議にも参加させようと計画していたら、マネージャに猛反対されました。周囲を巻き込んで育てることは大事と言われましたが、いちばん近いマネージャと育成方針が対立しています。

アドバイス1　方針を話し合い、双方納得する点を探る

「育成方針3か条」をつくって職場全体で共有していても細かい部分では考え方がずれることはあります。例えば「新入社員にはできるだけいろいろな経験をさせよう」という方針があっても、その「経験」のレベルは人によってとらえ方が異なることはあるものです。

自分が新入社員だったころ、よく社外の方との会議に参加させてもらったり、様々な場所への訪問にも同席させてもらったりしたことが自分の成長に役立った、いい経験ができたと感じているOJTトレーナーは、自分がOJTを担当する新入社員にも同じような経験をさせようと考えました。しかしマネージャに他社訪問のことを話したところ、次のように言われました。

「このタイミングで客先に出すのは、時期尚早ではないか。まだ人前に出せるほどではないだろう？　もっと社内で勉強させることもあるだろう。そもそも、客先の会議などに出させて、お客様に迷惑をかけてもよくない」

「迷惑ってどういうことが考えられますか？」

「マナーがなっていないとか、失言するとか、振る舞いが失礼だったり…」

マネージャは、とても保守的に考え、「万全の準備をしてからでないと社外の人と関わらせるのは控えたい」と思っていることがわかりました。

OJTトレーナーは、マネージャが口にする「新入社員を社外の人に会わせ

るリスク」を全部聞き出してリストにし、「マナーは社内でロールプレイを繰り返し万全にする」「客先での会議の臨み方は動作などシミュレーションし練習しておく」など解決策を提示し、「それならいい」と了承されました。

マネージャが慎重になるのも理解できます。もしかすると、配属早々の新入社員を同席させて困った事態が生じた経験があるのかもしれません。

ただ、仕事というのは、基本的に他社（他者）のために行うものです。会議でも訪問でも、他社（他者）と接点をもてる機会がやってくるなら、できるだけ新入社員にはそういう場を早く、また数多く経験させたほうがいいと私は考えています。以前、「新入社員がうれしかったこと」アンケートを行ったことがありますが、「顧客との会議に参加させてもらえたこと」「社外の人と関わる機会をつくってもらえたこと」などのコメントがたくさんありました。

マネージャやOJTトレーナーにとって、未成熟な新入社員を対外的な場に出すことは多少チャレンジ（ストレッチ）ではありますが、どんどん外に出したらよいのです。あまり過保護にしていると、内弁慶が育ってしまうかもしれません。外の空気を味わうことで人は鍛えられていきます。

ここでは、社外デビューの例を取り上げましたが、これ以外にもマネージャとの方針の違いはあることでしょう。方針の具体的なレベルについては徹底的に話し合い、これなら双方納得という点を探ってみましょう。その際、「新入社員の成長につながるか」という視点は忘れないでください。

🖐️アドバイス2　「甘やかし」は禁物だが「安心」は与える

「新入社員が安心できる環境をつくりたい」と考えていても、「安心」と「甘えさせる」の違いがわからなくなることがあります。

「1年目は新入社員という特権を生かして、失敗してもいいし、誰に何を聞いてもいいし、同じ質問をしてもいい」ということであれば、「安心できる環境」と言えるでしょう。私も新入社員の時、OJTトレーナーの先輩か

ら、「なんでも質問でき、周囲も親切丁寧に教えてくれるのはたぶん1年目だけだから、3月までにできるだけ解決していこう」と言われ、そういうものかと思ったことがあります。

わからないこと、戸惑うことが多い新入社員にとって、どんなに些細なことでも躊躇なく質問してほしい、困ったことはいつでも相談にきてほしいとOJTトレーナーや周囲の先輩に言われれば、非常に安心できるはずです。

では、次の例はどうでしょうか。

配属から2か月ほど経ち、ちょっとした仕事であれば、自分一人でできるように順調に育っている新入社員。単独で参加するタスクチームの会議体があるにもかかわらず、そのメンバではないOJTトレーナーがいつも同席します。OJTトレーナーに理由を尋ねると、「新入社員一人では心配だし、どんなふうにやっているのか、そっと見ていたい。私のことは気にしないでください」と答えました。

やがて「あれはいくらなんでも過保護なんじゃないか」と周囲に思われるようになり、その声は人事部にまで届きました。新入社員にしてみれば、一人で参加できると思っても、先輩から同席すると言われれば断りづらいに違いなく、内心は困惑していたかもしれません。心配性がすぎ、どこにでもついていくというのでは、新入社員も自立を阻害されます。

「いつまでに提出する」と約束した期日に成果物が出せなかった場合に、「いいよ、いいよ。大丈夫。実はあと1日あるから」などと言ってしまい、「締め切りと言われる日程には、実は余裕がある」と知った新入社員が、だんだん締め切りを守らなくなったという例もあります。「いいよ」と言ってしまうと、仕事に対する緊張感も育たないでしょうし、もし「じゃ、残りはこちらで仕上げておくので」などと先輩が仕事を引き取ってしまえば、本人が成し遂げるという経験を奪うことにもなります。

「安心できる環境をつくる」という方針も、解釈にばらつきが出てきて「甘やかしすぎ」とならないよう、育成に携わる人たちで考え方や取り組み方について常に意識合わせを行うことが大事です。

18　残業させるかなどの方針も決めておく

　「新入社員に残業をさせるか」「社外関係者にどう紹介するか」なども方針として決めておいたほうがいいのでしょうか。

✊アドバイス1　**定時内に終わらせるよう創意工夫したい**

　働き方改革が重視されるようになる以前は、新入社員研修で、人事部から「わかるまで残してもよい」「宿題も出してください」といった要望を受けることがありました。しかし時代は変わり、残業は減らそう、ワークライフバランスを大切にしようという考えが一般的になるとともに、新入社員研修においても、定時内で収める、居残りはさせない、仮に研修が延長した場合は、その分を残業として記録させる、といった運用にすっかり変化しました。

　新入社員の意識も変わってきて、定時内で仕事を終える、プライベートはプライベートと割り切る人も増えているように感じています。ただし、誰もが残業0を求めているかというと、「必要な残業なら多少はしてもかまわない」と思っている人もいます。「区切りがつくところまでやって帰ったほうが、翌日思い出して途中からやるより、すっきりその日を終えられる」と思うことがあるからでしょう。

　原則は、「勤務時間内」に収まるようにOJTも進めるべきだと考えます。仕事を効率よく進めるという観点から、定時終業を推進するマネージャもいます。

　「新入社員のころから残業ありきで仕事をしてしまうと、『定時内に収め

る』という感覚が育たない。例えば、9時〜17時という7時間の中で、どうやって効率よく仕事を進めていくかを真剣に考え、ムダを排除したり、より効率よくするための工夫をしたりするという訓練をしたほうがいい。残業してでも片づけたいという気持ちもわからなくはないが、残業してもよいと思っていたら、一定の時間内に収めようと創意工夫をすることがない。新入社員のうちから、決められた時間の中で収めて、きちっと成果を出すことを習慣づけるほうが今後の仕事の仕方にとって重要だ」

とても示唆に富んだ言葉です。

もちろん、実際には、プロジェクトが佳境に入り、あと1日でなんとかしなければならないとか、トラブル発生により定時を超えても対応に追われる、といった事態はありえます。しかし、あくまでもそれは例外で、普段は定時内に業務を終えるように工夫して仕事に取り組むことが大事です。

テレワーク勤務では公私の区別があいまいになり、労働時間が長くなりがちという人もいるようですが、先輩も後輩も、効率よく成果を出す方法を探り、学び、新しい時代の働き方に適応することが重要です。

👆アドバイス2　**一長一短があることを踏まえ、判断する**

「新人です」と紹介すると、お客様が「大丈夫か？」と心配するかもしれない。新人であることを言わないままにして過大な期待を寄せられても、当人にはプレッシャーが強すぎるかもしれない。取引先からも「大したことないな」と評価されてしまうかもしれない、など不安は募ります。

そこで、OJTトレーナー研修で参加者に質問してみたことがあります。結論は、「新入社員だと紹介する」「新入社員とは言わない」は半々でした。

「新人です！」と紹介するOJTトレーナーは、

 −そもそも見た目や話し方、たたずまいなどトータルで見ればわかってしまいます。なんか初々しいなと。でも、言わずにいて、期待ほどでもないなとがっかりさせるかもしれないので、言い訳として前もって「新人

です」と言っておきたい

  - 新人です、と言っておくことで、多少のことは大目に見てもらえるかな
    という淡い期待もあるので、最初に伝えておく

  - 新人です、と紹介しておくのは、マナーなど多少不調法なことがあって
    も、仕方ないかと思ってもらえるかもしれない

などと考えています。

　一方、「新人です」と言わない派は、次のようにとらえています。

  - 新人です、と紹介したら、先方に「新人なんか連れてこないでほしい」
    と思われるかもしれない

  - 新人です、と紹介することで、新入社員自身に甘えた気持ちが生まれな
    いようにしたいから。新人です、と紹介して、だから、多少の失敗は許
    してもらえるかな？　と気楽に考えてほしくない

どちらにも一理あります。

　ところで、取引先に電話したときに、「はい、○○会社、新入社員のBで
す」と名乗られたことがあります。いつもやり取りしている担当者に、「今、
電話に出た方が新入社員ですと名乗っていましたが、会社の決まりなんです
か？」と尋ねたら、「ええ、粗相があってはいけないと思って。でも、それ
は、かえって失礼でしょうか？」と問われてしまいました。

　「いえ、私はいいと思いました。ほほえましいですし。今の取り次いでく
ださったBさん、とても対応がしっかりしていてびっくりしました。ぜひ、
ご本人にもお伝えください」と私からフィードバックしました。

　もし、「新入社員のBです」と名乗られなければ、「対応がしっかりしてい
る」と言うはずもありません。失礼に当たるからです。後日、この担当者か
ら、Bさんのその後の反応を聴くことができました。

　「田中さんに褒めていただいたので、すぐ本人に伝えたんです。お客様が
電話対応の仕方を褒めてくださったよって。そうしたら、それで自信をもっ
たみたいで、前よりも一層張り切って電話をとったり、社外との会議で発言
したりするようになりました。敬語に自信がなかったらしいのですが、社外

の方にお墨付きをもらったような気持ちになったみたいです」

　新入社員だとあえて言わなかった会社のエピソードも紹介します。

　「新人であることを黙っていて、10か月くらい経ったころ、本人がお客様に『来月からやっと後輩ができるんです』とぽろっと言ったんですね。そうしたら、お客様が、『えええぇー!?　○○さんって、新人だったんですか？』と目を見開いて驚かれました。黙っていて申し訳ありませんと謝ったら、『いや、そういうことじゃなくて。堂々としてるし、仕事もきちんとしてくれるし、若そうだけど、しっかりしているなと感心していたんです。へぇ、新入社員ですか。来月からやっと2年目に…』としみじみとおっしゃいまして。最初の時点で、新入社員ですと伝えなかったことにも意味があったのかなと思いました」

　これは、新入社員自身が的確に、誠実に仕事をしたということに加え、そうできるように先輩たち周囲もサポートしていた証でもあるでしょう。お客様にとってはサプライズの告白になったわけですが、こういう例もあるので、どのように紹介するかは、ケースバイケースなのかもしれません。

　最終的にはマネージャやOJTトレーナーの方針、新入社員自身の状況、取引先との関係などを考えたうえで選べばよいのではないかと思います。

　私は、「新入社員です」と堂々と紹介すればよいと考えています。どの企業にも新入社員がいるのは当たり前で、どんなにベテランでも新人時代はあったはずです。新入社員の成長を支えるのは、職場のマネージャや先輩だけではありません。社会全体でも「新人」の成長に関わることは大事です。そうでなければ、企業も社会も成長が停滞してしまうからです。

　人が成長する過程に関わることは、それが直接的であれ、間接的であれ、社会全体が取り組む課題であるはずです。

新入社員と信頼関係を築く

新入社員が仕事を覚える大前提として、居場所づくりが大切です。チームをあげて、新入社員が職場になじめるようにどう働きかけるか考える必要があります。

19　新人配属初日の注意事項

悩みのあるある

　新入社員をどのように迎えればよいですか。気をつける点を教えてください。

☞アドバイス　　歓迎の気持ちを伝え、緊張をほぐす

　OJTトレーナーはいつもより早めに出社して、新入社員を迎える準備をします。配属当日にうっかりOJTトレーナーが代休を入れていた、出張が入っているのに代行を誰にも頼んでいなかったという話を時々、耳にします。

　新入社員にしてみれば、人事部から「配属先に行ったら、まず、OJTトレーナーを訪ねてください」と言われていたのに、そのOJTトレーナーが不在だったら、途方に暮れてしまいます。「歓迎されていないのかな」と不安にも思います。業務上どうしても不在になる場合は、新入社員の対応をする人を決めておきます。

　事前の準備としては、配属から2週間ほどは細かい計画を立てておくことが重要です。誰が担当するか体制も整えておきます。例えば、

【初　　日】午前：OJTトレーナーと初顔合わせ、自己紹介、オフィスツアー
　　　　　　昼食：チームでウェルカムランチ
　　　　　　午後：配布されたPCのセットアップ作業

【2日目】午前：…

といった具合です。これは、「育成計画」に反映しておけばよいでしょう。

　当日の受け入れには、どういう工夫があるでしょうか。

　緊張した状態で配属先にやってくる新入社員の気持ちを少しでも楽にさせ

ようと、部署全員で協力して「Welcomeメッセージ」を用意している職場があります。市販のカードを用意し、部署全員からのWelcomeコメントを集め、封筒に入れ、新入社員の席に置いておくのだそうです。

　自席に案内された新入社員は、机の上に置いてある先輩たちからの「Welcomeメッセージ」がうれしかったのか、その後、1年間、自席の壁にカードをピンでとめていました。先輩が後日、新入社員に尋ねると、「配属初日にこのカードが置いてあって、何だろうと思ったら、みなさんから心温まるメッセージがたくさん書いてあり、緊張がほぐれました。これを見ると初心に帰ることができ、こういうふうに迎え入れてくださったのだなと思えるので、心の支えとなる宝物として貼っているんです」と答えたそうです。

　「新入社員」のメールアドレスに全員からメールを送るという例もあります。配属先で自席に着いて、PCをセットアップ後、メールを開くと、「新着メール」がたくさん届いています。不思議に思いながらメールを開封すると、「入社おめでとうございます」といったメッセージがあふれているというものです。

　「○○さん、ようこそ！　□□会社に。採用面接の際、お話ししてから、一緒に仕事ができる日を待ち望んでいました。わからないことがあれば、いつでも気軽に尋ねてください」

　「○○さん、配属、おめでとうございます！　新入社員研修では同期と一緒でしたが、配属されて、初めて同期がいない場所で緊張していることと思います。仕事はじっくり覚えていけばいいから、安心して少しずつ学んでいきましょう」

　これらのメールが"サプライズ"の役割を果たし、緊張が解けることでしょう。

20 新入社員がうれしいこと、戸惑うこと

悩みのあるある

　新入社員がどういうことをうれしいと思うのか、戸惑うことは何かを知っておくと、ツボを押さえた育成ができると思うのですが…。

👊アドバイス1　気にかける、声をかける

　入社から11か月ほど経過した新入社員へのアンケートで、「1年目社員として約1年過ごしてきた中で、マネージャや先輩にしてもらってうれしかったことは？　また、戸惑ったことは？」という2つの問いに、フリーコメントで回答してもらったことがあります。

　うれしかったこととして、「かまってくれた」「気にかけてくれた」という言葉が多数あがりました。

　すでに人間関係ができている組織に、ぽっと新入社員が入るわけです。自分が仲間として受け入れられるか、なじめるかは大きな関心事です。だから、「先輩がなにくれとなく声をかけてくれた」「ランチに誘ってくれた」「大丈夫？　と時々尋ねてくれた」という関わりを感謝しているのです。

　「質問に丁寧に答えてくれた」「絵を描きながら教えてくれた」「調べ方も教えてくれた」などの質問対応の仕方や、「ありがとう」「成長したね」といった言葉かけも回答に入っていました。

　自分がこの職場で役立っているのだろうか、と不安に思う新入社員は、「ありがとう」と言われることで、自分が誰かのためになる仕事ができていると自覚でき、自己効力感（自分にできるという感覚）が高まります。「成長」についても、自分ではなかなか自覚できないため、マネージャや先輩が

「前より上手になった」「成長したなぁ」と声をかけていくことが、新入社員の自信につながるようです。

　とはいえ、うれしいことは人様々です。直接、新入社員に尋ねてみるのもおすすめです。ヒアリングをしてみると、その人にとっての「ツボ」がわかりますので、それに合わせた個別具体的な支援もできるでしょう。それは、「戸惑うこと」についても同じです。

　なお、キャリア採用の若手社員に尋ねても、新入社員と同様の答えがあがります。

　「どうしても社内に知り合いが少ないから、声をかけてくれる人には感謝している。声かけって大事だと思う」

　「この会社ではまだ未熟者だけど、前職のことなど、自分のこれまでのキャリアなどを聴いてもらえて、自分のことを話す機会があったのはうれしかった」

　気にかけて、まめに声をかけることが、職場になじむ第一歩になるのです。

👊 アドバイス2　**仕事を覚えるスケジュールを知らせる**

　一方、戸惑ったこと、苦労したことでは、「職場の雰囲気が暗い」「機嫌の悪い先輩が多い」など職場全体の空気や、「放置される」「質問しても冷たくあしらわれる」といった指導方法に関する項目が多くあげられました。

　職場の空気については、「働きやすい職場づくり」という意味で、誰にとっても重要な要素です。ピリピリした空気、不機嫌な人が近くにいるような状態は、そもそも働く環境としてよいことではありません。成果を出しづらいほどの緊張感、恐怖心を感じさせる職場環境をつくり出していることは「パワハラ」に該当する可能性もあります。誰もが「ご機嫌」でいられる職場づくりが求められます。

　ある時、「誰にとっても働きやすい風土って大事ですよね。マネージャが

率先してムードづくりをしてください」と講演で話をした時のこと、マネージャの方から「でも、世の中、いろんな人がいることを学ぶのも大事じゃないですか。そういう怖い人がいる、不機嫌な人がいることを知り、対処法を学ぶことも大事では？」との意見が出されました。その考えも理解はできますが、だからと言って、不機嫌な職場を容認してよいとも思えません。やはり職場に漂うムードというのは、働くモチベーションやメンタルにも影響する大切な要素の一つです。

　厚生労働省「平成30年若年者雇用実態調査」では、「初めて勤務した会社をやめた主な理由」として、「人間関係がよくなかった」が26.9％とあり、1年未満の退職では、この回答割合が高く出ています。人間関係、その人間関係が醸し出す職場の雰囲気に若手は敏感で、居心地が悪いことは離職の誘因にもなりやすいと考えられます。

　指導方法についての、「右も左もわからない自分に仕事を教えてくれない」「質問しても丁寧に答えてもらえない」もつらい状況ですが、ほかにも

　　－ 今やることはわかるけど、どこへ向かっていくのかがわからない
　　－ OJTがどういう流れで進んでいくのか見通しがつかない

なども，このアンケートにはありました。「期待される人材像」「育成計画」などを使い、どうなると一人前なのかなどのOJTの「道のり」を説明しておくことは大事です。

　OJTトレーナーは、「今やること」を伝えるのに集中しており、「この先どうなっていくのか」「どうなってほしいのか」というメッセージが不足しがちです。OJTがどういう方向に向かっていくのか、現在はどの地点にいるのか、これからどういうふうに成長していけばよいのかなどを新入社員と共有しておきましょう。

21 早く職場になじんでもらうには？

悩みのあるある

　新入社員に１日でも早く職場になじんでもらうには、どんな工夫があり
ますか。

✋アドバイス　　既存メンバに新人を認知してもらう

　配属初日は、OJTトレーナーは必ず新入社員を出迎えます。また、テレワ
ークが進んでいると、ほとんどのメンバが在宅勤務になることもありますの
で、新入社員が配属先で途方に暮れるということがないよう、出社するメン
バを決めておきます。

　配属初日は、以下のようなことを行います。

　- 席に案内し、ロッカーなど使う場所やものを教える

　- 配属から１〜２週間程度のスケジュールを説明する

　- オフィスツアー

　オフィスツアーとは、OJTトレーナーが新入社員を連れ、各部署を案内し
て回ることです。この時、席にいる人たちに新入社員を紹介することも大事
です。一度に何十人もの社員を紹介されても新入社員は覚えきれないかもし
れませんが、それは問題ではありません。周囲の先輩社員たちが新入社員が
やってきたことを認知することに意義があります。廊下ですれ違っても、コ
ピー機のところで戸惑っていても、「この人、新人だったな」と周囲が気遣
えるようになるからです。

　新入社員が職場になじむためには、当人が他者を覚えることはもちろんで
すが、他者からも新入社員を覚えてもらうことも必要です。

私の勤務先では、新入社員は配属初日に全社員宛てに「自己紹介メール」を出すという暗黙のルールがあります。自分が使うPCのセットアップが終わり、初日の簡単なオリエンテーションが済んだら、「メールシステム」に慣れるためにも、自己紹介メールを出すのです。

　全社員がこのメールを目にするため、どの部署にどういう人が入社したのかを誰もが把握できます。これも、職場になじむための一歩として、「周囲に認知してもらう」方法の一つです。

　また、歓迎会を催す企業も多いことでしょう。テレワークが進んでいれば、オンラインランチ会という方法もあります。もちろん、食事を伴わず、オンライン会議を開いての「雑談会」もおすすめです。

　歓迎会でも雑談会でも、主役は新入社員です。先輩たちが話しまくるのではなく、新入社員が話しやすい話題をふり、相手を理解することに時間を割くようにします。

　新入社員が話しやすい話題としては、例えば

　－学生時代にどのような勉強をしていたか？

　－学生時代に学業以外に行っていた活動は？

　－新入社員研修では何を学んだのか？

など、新入社員が自分の経験から話せるものがおすすめです。

22　新入社員の不安を取り除く

悩みのあるある

　新入社員との最初の面談では、できるだけ相手の不安や疑問を解消したいと思います。

☝アドバイス1　少しずつ会話を重ね、不安を取り除く

　初回の面談時に「何か質問や疑問、不安はありますか？」と尋ねたら、「いえ、今のところは…」と話が続かなかった、新入社員のことがわからないから、なかなかピントの合ったいい質問ができず、OJTトレーナー側も黙ってしまったという経験は、多くのOJTトレーナーにあるようです。しかし、新入社員にしてみれば、「これからどういうスケジュールで仕事を教えてもらい、自分がどうやって働いていくのかがわからない」状態では、何を口にすればよいかわからない、というのが本音でしょう。

　最初の面談では、まず互いに知り合うための自己紹介に時間をかけます。OJTトレーナーである自分は、入社何年目で、どういう仕事をしていて、トレーナーとしてどういう思いがあって、OJTにどう関わりたいと思っているかを相手にわかる言葉を使って話します。そのうえで、新入社員に自己紹介をしてもらいます。学生時代に学んでいた内容、卒業論文や卒業研究のテーマ、配属前研修で学んだことなどは話しやすいテーマです。趣味やプライベートなことは、人間関係ができてから会話に乗せればよくて、一度に何もかも聞こうとしなくても大丈夫です。

　自己紹介が終わったら、「OJTのスケジュール」を説明します。1年間をかけてどういう人材になることを目指してほしいと会社側は思っているか、

いつごろ、どういう仕事をしてもらうのか、そのための育成計画はどうなっているのか。さらに、この1週間はどういうスケジュールになっているのか。ざっと説明し、新入社員が理解できたところで初めて、「何か質問、疑問、不安はありますか？」と聞いてみます。

　このような情報がなければ、新入社員は何から尋ねればよいか戸惑うばかりです。初日から、新人の「質問を聞き出そう」「不安を解消しよう」と気負うのではなく、少しずつ会話を重ね、仕事も教えながら、徐々に疑問を解消していけばよいのです。

✋アドバイス2　疑問の解消方法も伝える

　あるOJTトレーナーは、「仕事は最初のうちは細かく指示するし、当分は一緒にやっていくから、ノートはちゃんととっていってね」と指導し、そのうえで、「ノートに書いておいても、たぶん、わからなくなるから、遠慮なく、声をかけてください。テレワークの時は、メールやチャットを送ってくれればなんらかの反応はしますね」と伝えると言います。

　「いつでもなんでも聞いて」だけではなく、「どうやって聞けばよいのか」という手段も伝えておくことがポイントです。

　昨今はテレワークの中でOJTを進めることも多く、OJTトレーナーが「いつでも遠慮なく声をかけてね」と言っていても、OJTトレーナーのステータス（オンライン画面上に表示されている状態）が常に「取り込み中」になっていると、新人社員はいつ声をかけてよいかわからず、遠慮してしまうという話もよく耳にします。オンラインツールを使う場合は、互いのステータス表示にも気を配り、コンタクトをとる際の働きかけのルールを定めておくのも一つの方法です。

　大切なのは、新入社員を孤立させないこと、一人で悶々と悩むことがないよう、すぐに誰かとつながれるようにすること。これは、対面でもテレワークでも同じです。

23 信頼されるOJTトレーナーになるには？

悩みのあるある

　先輩として、一目置かれたいと思います。信頼を得るため、リスペクトされるために気をつけるべきことはなんですか。

✊ アドバイス1　新入社員の不安に寄り添う言葉をかける

　新入社員がOJTトレーナーを信頼できなければ、成長支援に差し障りがあるに違いありません。新入社員から一目置かれて、自分の伝えたことに耳を傾けてもらえる関係でありたいと願うのは当然のことです。

　「ちょっとしたミスをやらかしました。OJTトレーナーが私に代わって、マネージャからずっと怒られていました。矢面に立ってくれたのです。その後、そのOJTトレーナーから私も叱られたのですが、いざという時、あんなふうに盾になって守ってくれるんだなと思い、一気に信頼が増しました」

　「何かあったら、会社のメールじゃなくて、こっちのメールアドレスに送ってくれてもいいからね、と先輩がプライベートなメールアドレスを教えてくれました。実際には、プライベートアドレスにメールをすることはなかったものの、いざとなったらここにメールしてよいと言われたことが安心材料になり、心強く思えました」

　「初めて先輩とともに顧客先との打ち合わせに同行した時のこと。緊張しながら初めての名刺交換も終え、着席。すると、先輩が、新入社員である自分のことを、『うちのエースです。期待の新人なんです。ぜひよろしくお願いします』と紹介してくれました。過分な言葉に身も引き締まる思いをしました。『新人で不慣れなため、ご迷惑をおかけするかもしれませんが』など

と言われるより、うんとうれしかった」

　いずれも、新入社員がOJTトレーナーに対する信頼を感じた場面です。もちろん、「エースとして大活躍することを期待している新人」などとあまりに持ち上げて紹介されたことが、過度なプレッシャーとなり、かえって本領が発揮できなくなることも考えられます。相手を見て、言い方を変える必要があることは言うまでもありません。

☝️アドバイス2　学ぶ姿勢を示す。それを言葉で表わす

　「新入社員が学生時代に研究していたことを聴かせてもらえることで自分も学ぶこと、刺激を受けることがあります。それと、私たちにとっては当たり前に思えることでも、新入社員が『なぜですか?』と聞いてくるので、自分の仕事を見直す機会にもなり、新入社員と会話するのは、とてもよい刺激です」

　これは、OJTをスタートして数か月経った時点でのOJTトレーナーの話です。新入社員から学ぼうとする姿勢があることも、リスペクトされる要素の一つです。

　ある企業で1か月にわたる新入社員研修を担当した最終日に、「私もみなさんから多くのことを学び、とても勉強になりました。ありがとうございました」とあいさつしたら、新入社員の日報にこんなことが記述されていました。

　「田中さんが、最後に、自分も勉強になったとおっしゃっていてびっくりしました。変な言い方ですが、私たちに教える講師という立場なので、田中さん自身が『勉強になった』と考えているとは想像しなかったからです。講師にも学ぶという意識があるのかと感動しました。私も、後輩ができたら、後輩からも学んだと言える先輩になりたいです」

　「学ぶ姿勢を示す」、それを「言葉で表わす」。どちらも大切な振る舞いだとあらためて感じた出来事です。

24 関係づくりの工夫

悩みのあるある

　新入社員とうまくやっていくために人間関係づくりに工夫を凝らしたいのですが、いい方法がありますか。

アドバイス1　コミュニケーションの絶対量を増やす

　新入社員と、その成長を支援するOJTトレーナーの間に基本的な信頼関係があることが大事です。何かを教えても、褒めても、改善点を指摘しても、信頼関係がなければ、その言葉は響きません。

　多くの企業ではOJTトレーナーの傾聴力、説明力など、コミュニケーション力の質の向上に力を入れており、それはそれで大事なことですが、新入社員は、「いつでも話しかけられる」「マメに声をかけてくれる」といった接点の多さも求めています。新入社員が居心地がいいと感じて、職場になじみ、スムーズに仕事を覚えられるかは、会話の質だけでなく絶対量も大きく関わっているのです。

　人と人との信頼関係、心理学で用いられる言葉「ラポール」（Rapport）を構築するためにも、会話の頻度を高めることは重要です。接触する回数が多ければ、だんだん互いを理解し合え、親しみも感じるようになるからです。

　会話の頻度を上げるためには、OJTトレーナーからだけではなく、マネージャやOJTトレーナー以外の先輩たちからもちょくちょく声をかけ、困っていることがあればできるだけ早く解消するようサポートしてもらいます。周囲の人たちはOJTトレーナーに遠慮して、新入社員に声をかけること自体を

控える場合もあります。OJTトレーナーからマネージャや他の先輩たちに「どんどん新入社員に声をかけてください」と伝えておくことが大事です。

　OJTトレーナーの中には、「新入社員と仲良くなりたいから、金曜には飲みに行ったり、休日はテニスやBBQに誘ったり、とにかく一緒に遊ぼう」とする人もいますが、ただ、友だちのように仲良くなって、結果的に、言うべきことが言いづらくなる状況は避けなければなりません。

　友だちになるのではなく、仕事において互いに本音で語り合える関係を築くことが大切です。そうすれば、新入社員の悩みや不安を聴くこともできますし、OJTトレーナーから時に厳しい指摘をしても受け止めてもらいやすくなります。

✋アドバイス2　食べ物をきっかけに会話の頻度を上げる

　新入社員へのアンケートでは、うれしかったこととして「お菓子をくれた」をあげている人が多くいます。それもかなり具体的に書いてあります。

　「残業していたら、おやつを分けてくれた」

　「がんばって仕上げたら、お疲れ様！　という言葉とともに、お饅頭をくれた」

といったように、マネージャや先輩からちょっとしたお菓子をもらったことが印象に残っているようです。

　これを私は、「餌付け」と呼んでいます。ちょっとひどい表現のように思われるかもしれませんが、ちょっとした背景があります。

　私の勤務先には研修センターがあり、そこを以前、Education Centerと呼んでいました。その名称をもじって、社内の「お菓子を置くコーナー」は「餌付けーションセンター」と命名され、いつしか、同僚たちが「お土産のお菓子は、餌付けーションセンターに置いてあります」などと言うようになりました。その言葉を借りて、人間関係の潤滑油として機能するお菓子をあげたり、交換したりする行為を「餌付け」と名づけてみました。

あるOJTトレーナーは、月に1回の公式な面談の際は必ず、コンビニのコーヒーを2つ買って備えていました。面談の場にやってきた新入社員とコーヒーを飲みながら、会話をするのです。

　毎月、異なるコンビニのコーヒーを求めて準備しておくと、「あ、今日は○○のコーヒーですね」と新入社員側も楽しみにしてくれ、夏を過ぎたころの面談では、「いつもごちそうになっているので、明日の面談のコーヒーは、私が用意します！」と事前にメールが飛んできたと言います。

　食べ物を介在すると人間関係が築きやすいという面があるのです（本書12項参照）。なおテレワークになると、食べ物を介在させるのは難しくなりますが、会話の頻度を上げることは、気軽にオンライン会議を立ち上げるなどすれば実現可能です。

25 先輩たちは見られている!?

悩みのあるある

　周囲を巻き込んでOJTにあたることを考えた場合、OJTトレーナーだけでなく、先輩たちも気をつけるべきことは何ですか。

✋アドバイス1　口調や態度、服装も節度を保つ

　後輩を指導する場面では、リーダーシップの発揮が求められます。リーダーシップの大事な要素の一つに、「自分が率先して行う」があります。つまり「率先垂範」です。新入社員は口には出さずともマネージャや先輩の一挙手一投足をよく観察し、尊敬できる人か、信頼できる人かを見極めています。信頼は日々の積み重ねで築かれていくものですから、日ごろの言動は侮れません。

　例えば、協力会社との打ち合わせで、新入社員がなんとなく偉そうに話すのに気づいたOJTトレーナー。「これはまずい。早く正さなくては」と思い、そういう言動に至った事情を本人に尋ねました。どうやらリーダーの態度を見ているうちに、自然と似てきてしまったようなのです。「ああ、こういうことも真似してしまうんだな」とOJTトレーナーは思ったそうです。

　OJTとは、業務そのものだけを教えるものではありません。様々な利害関係者との接し方も学ぶ機会になっています。先輩たちが相手を見下すような発言をしたり、他人の悪口を言ったり、誠意のない接し方をしたりすれば、新入社員はそれに影響を受けます。「これはよくない」と自分を律することができる新入社員であれば、好ましくない行動を真似することなく育ちますが、悪影響を受けてそれになじんでしまう新入社員もいないわけではありま

せん。「朱に交われば赤くなる」と言います。OJTトレーナーだけでなく、周囲のマネージャや先輩たちも、後輩に影響を及ぼしている可能性があることを常に念頭に置いて行動することが必要です。

　服装について比較的自由な職場では、夏に向かって薄着になるとともに、より一層カジュアルになりがちです。ある時、新入社員が、ゆるゆるのシャツやひざの抜けたパンツ（ズボン）、薄汚れたスニーカーといった、「ちょっとそれは、仕事場にふさわしくないのでは？」と思うほどのラフな服装で仕事をしていました。「これは注意しなければ」と思ったOJTトレーナーがふと自分自身の服装に目を向けると、「あ、私の真似か」と気づいたそうです。自分の状態が新入社員に反映されてしまっているのだと反省し、その日は注意するのをやめて翌日、自分の服装をあらためてから、新入社員にも伝えたと言います。OJTトレーナーは次のように苦笑いして話してくれました。

　「知らず知らずのうちに、新入社員に『基準』を伝えているのかもしれません。先輩がやっているんだから、このくらいまではいいだろうと」

　組織は、人事規定や明文化されたルールだけで動いているわけではありません。人々の言動、交わされている言葉などからも、「こういうやり方をするものだ」という暗黙のルールのようなものを新入社員は学びます。学んでほしくないことがあれば、マネージャや先輩たち、既存社員がまず、自らの言動を見直すことから始めます。OJTトレーナーが気をつけていても、他の先輩たちが悪い見本になってしまうこともありますので、「育成方針」の中にそういう言葉を入れるのも一つの方法です。育成方針を組織内で共有し、常に一定の緊張感を保ちながらOJTを進めたいものです。

🤚 アドバイス2　悪口は言わない、ため息厳禁

　OJTトレーナーは、新入社員の前では意識して「ポジティブ」に振る舞い、

- 会社の悪口を言わない
- マネージャや先輩の悪口を言わない

－取引先の悪口を言わない

－ネガティブな言葉を吐かない

ことに気をつけたいものです。

　「赤字、赤字」と何度もマネージャが言うのでうんざりしたと話す新入社員がいました。「会議が終わったあとに、取引先のことを苦々しく話す」先輩を見て嫌な気持ちになり、その場を離れたいと感じたという声を聴いたこともあります。先輩たちは何気なく口にしたのかもしれませんが、聴いている新入社員側は、賛同するわけにもいかず、黙って受け止めるしかありません。どうしたらいいのか、と戸惑うばかりです。

　ため息も避けたほうがよいことの一つです。あるリーダーは以下のように反省していました。

　「チームメンバがだんだんどんよりしてきて、モチベーションが下がっている気がしたんです。もっとみんな、がんばれよ！　と声をかけてみたりしたんですけど、ある時、気づきました。私がため息ついているからか、って。当時、自分だけ『このチームが近々解散になる』と聴かされていて、でも、まだメンバには伝えられなくて、みんなでがんばってきたのに、解散なのか、と時々思い出して、つい、ため息をついていたみたいです。それがメンバに伝わって、チーム全体がどんよりしていたんです」

　ネガティブな言葉もため息も伝播します。新人や後輩が気持ちよく仕事ができる環境を整えていくのは、マネージャや先輩の仕事です。そのため、できるだけネガティブなメッセージを伝えないよう配慮します。

　また、育成の仕方に行き詰まったり、OJTトレーナー自身が仕事上でトラブルに見舞われたりした時に、「私は反面教師だから、私の真似をしなければ、いいビジネスパーソンになれるよ」というトレーナーを見かけることがありますが、この表現は絶対に避けなければなりません。OJTトレーナーの下で成長しようとしているのに、その先輩が「反面教師だから」と言ってしまったら、新入社員は、「誰をモデルにして成長すればよいのか」と戸惑うだけです。

「私を手本と思ってください」「私をロールモデルにしてください」と自分から言うのは抵抗があるなら「手本と思ってもらえるよう、私も努力しますから、よろしくね」などと言ってみましょう。

　なお、どうしてもため息が出てしまう状況であれば、遊び心をもって取り組むという例もあります。私の勤務先にある時、「ため息貯金箱」なるものが設置されました。誰かがジョークで置いたもののようです。「1はぁ＝100円」と書いてありました。仕事をしていると、どうしてもため息をつきたくなる場面はあります。そういう時は、「100円」をその貯金箱に入れて、はぁとため息をつく。あまりに多くのため息をつきたい場合は、300円投入してから、「ごめん！　3回ため息つくけど、許して！」と笑いながら周囲に断わって、ため息をつく。

　「ため息厳禁」というより、遊びにしてしまうことで、職場の空気も重くならなくて済んだように思います。何か月か経過して、その貯金箱にはある程度のお金がたまり、みんなで有効活用したようです。

26 「一癖ある人」の情報は伝えるべきか？

悩みのあるある

　新入社員にとって居心地よい職場にするために、もし職場の「要注意人物」がいたら、そのことはあらかじめ伝えておいたほうがよいですか。

✋アドバイス　新入社員が自分で判断すればいい

　「ちょっと気難しい」「関わるのが難しいタイプ」と思われている人の情報は、あらかじめ新入社員の耳に入れておいたほうがいいのでしょうか。知っていれば、当人と接する際などに苦労しなくて済むからと、伝えるべきか悩む先輩は多いようですが、私は、やめたほうがいいと考えています。

　まだ直接関わっていない時点で、「あの人は気難しいから、話しかける時は要注意」といった情報を受け取ると、先入観をもって、その人と接することになります。「気難しい人」という色眼鏡で相手と関わろうとすれば、新入社員も腰が引けて、おそるおそる話すかもしれません。場合によっては、できるだけ関わらないようにしようと、会話自体を避けることも考えられます。

　たとえ、気難しいと多くの人が感じる相手であったとしても、新入社員に対してはとても優しかったり、面倒見がよかったりすることも考えられます。新入社員にも同様に気難しい対応をするとしても、新入社員自身が自分の感覚で判断すべきことです。

　先入観というのは、一度もつとなかなか覆らないものです。なぜなら「こういう人だ」という自分の考えに合致した情報ばかりを集めるようになり、考えを強化してしまいやすいからです。例えば「あの人、気難しいから気を

76

つけてね」と言われていた先輩に「おはようございます」とあいさつしたら、低音で返事があったとします。それだけのことなのに、「やはり、気難しいんだ」と自分のとらえ方を強めてしまうことがあります。

　前評判をことさらに伝えないほうがよいのは、新入社員のことを職場のメンバに伝える際も同様です。

　OJTトレーナーが、他の先輩に先駆けて、新入社員の評判を聴きつけたとしましょう。それを新入社員の配属前に職場に持ち帰り、「ねぇねぇ、今度くる新入社員って、新入社員研修の時、うっかりしたミスが多くて、しょっちゅう注意されていたみたいだよ」などと伝えたら、どうなるでしょう。迎え入れる側の先輩たちは新入社員を「うっかりしたミスが多いと聴いている人」という色眼鏡で見てしまいがちです。

　これは、よい評判であっても同様で、度がすぎるのは考えものです。

　「うちに配属になる新入社員って、TOEIC900点で、学生時代に英語のスピーチ大会で優勝したこともあるんだって」といった情報が職場に駆けめぐり、期待値が上がりすぎているのも、新入社員にとっては喜ばしいことではないかもしれません。褒めていることであっても、よい方向に作用しないこともあるのです。

　できるだけクリアな眼で相手と向き合うために、事前情報を与えるのは相当、気をつけて行わねばならないことであり、余計な情報をインプットすることのないよう配慮が求められます。

第 **IV** 章

業務の教え方と質問対応

新入社員に効率よく業務を教え、不明な点は解消し、できるだけ早く一人でできるように育てます。高い説明力と質疑応答力がOJTトレーナーには求められます。

27 仕事を「教える」ポイントは？

悩みのあるある

　自分の業務を教えたいのですが、どうすれば新入社員に正しく伝わるでしょうか。

✌️アドバイス1　　仕事を分解してとらえ直してみる

　初心者には「教える」ことから始まります。「教える対象」（何を教えるか）は、先輩は知っていて、かつ後輩が知らないことです。ただし、知っているから上手に教えられるわけではありません。自分が行っている業務がどういう要素から成り立っているかを考えることはあまりないので、どう教えたらよいかがわからないのです。「教える」ことは案外難しいものです。

　「会議の準備の仕方を教える」という場面を考えてみましょう。

　「会議の準備」とは、何をすることかを分解し（下記①〜⑤）、さらに、その一つひとつをいくつかのプロセスに分けてみます（例えば③の1〜4）。

　①会議の目的、議事を決める

　②参加者を決める

　③会議室を予約する

　　1. 参加人数を確認し、会議室の適正な大きさを見積もる

　　2. 会議室予約システムにログインする

　　3. 会議室予約システムで空いている部屋を探す

　　4. 適正な大きさの部屋を必要な時間帯予約する

　④参加者に会議通知メールを出す

　⑤資料を事前配布する

このように細分化してみると、例えば「会議室、予約すればいいから」の一言では、新入社員には情報が足りないことがわかります。「会議室予約システム」というものがあることを知らなかったり、知っていても一度も使ったことがなかったりすれば、「具体的にどうやるのか」がわからないのです。

　仕事を教えるためには、その仕事を構成している要素を分解して、どこから教えればよいのかを考えることが大事です。

　入社2年目のOJTトレーナーに、「自分の業務の要素分解」をしてもらったことがあります。「後輩が入ってきたから、今までの仕事を後輩に引き継げるぅ‼」と喜んでいたものの、引き継ぎたい業務がどういう構成要素から成り立っているのかがうまく整理できず、戸惑っていました。

　要素分解は、自分の仕事を振り返るのにも役立ちます。分解することで、自分のしている仕事の要素間の相互関係が深く理解できます。場合によっては、間違った手順を覚えていたり、古いルールのままでやっていたりすることに気づくなど、先輩にとっても仕事の学び直し、成長につながります。

☝️アドバイス2　勉強会を活用する

　一般的なOJT制度では、新入社員に対して一人のOJTトレーナーがつきます。普通はOJTトレーナーがマンツーマンで新入社員に仕事を教えていきますが、知っておくべき知識やスキルに共通項が多ければ、複数の新入社員を集めて勉強会を開いたほうが効率よく学べます。テレワークが増える中では、拠点が異なるメンバともオンラインでつなげることができます。

　多くの場合、勉強会では、マネージャが講師となって部下に、あるいは熟達者が資料を作成し初学者になど、有識者が教えるという構図になりがちですが、教えてもらう側の若手を講師役とするのも効果的です。

　「新入社員にもテーマを割り当てて講師をしてもらいます。自分で勉強し資料もつくって、20～30分の短時間でテーマを教えるんです。誰かに教えることは理解を深めるのに大変役立ちます。理解が違っていても、社内勉強会

ですから、先輩が正しいことを教えてカバーすればいい。受け身になりやすい勉強会は、全員が講師を担当するようにしたほうが効果的に学べます」

　アジェンダをつくったり、開催のお知らせを社内SNSに貼ったり、メールで案内したりすれば、文書コミュニケーションの練習機会にもなります。講師役は、「いちばん下に扱われがちな新入社員に主役になれるステージを用意する」ことにもなります。講師役を持ち回りにすると、参加者が少ない、集まりが悪いなどは悲しいこととわかり、出席率も上がるようです。

☝アドバイス3　「しっかり」ではなく具体的な表現を用いる

　仕事を説明する際は、自分にとって当たり前すぎる言葉や自明に思える考え方を無意識に前提として省きがちです。例えば「これは、経理に確認して書式をもらえばいいから」というOJTトレーナーの説明では、「経理の○○さん」に「メールで確認して」「△△のための書式をデータでもらう」といった言葉が省略されています。これでは、理解できないのは当然です。そういうちょっとした言葉や考え方がわからないのが新入社員ですから、「知っていて当たり前」だと思わず、それらも説明します。

　新入社員は、ある意味で「異文化」です。一緒に仕事をするためには、言葉を定義してから使うことも教えるコツの一つと言えるでしょう。

　また、教え方が上手ではない人は、往々にして「指示代名詞」「形容詞」「副詞」を使いがちです。「ここをこうやって」など指示代名詞を多用されても、「ここ」「こう」が何かは、相手にはわかりません。同様に、「しっかり押さえて」「丁寧に梱包して」がどの程度のものなのかもイメージができませんので、教える際は、具体的な名詞や数字を用いるようにします。

　なお、オフィスで横に並んで仕事を教える場合などは、自分がやって見せて真似させることで、あいまいな説明をカバーできていた部分もありますが、テレワークの下では、相手が理解できる言葉遣いで具体的な作業や動きなどを説明する力がより一層、求められるようになりました。

28 説明上手になりたい

悩みのあるある

　話が長くなりすぎることを自覚しています。マネージャからも「もっと効率よく効果的に理解できる話し方をしてほしい」と指摘されています。

✋アドバイス1　相手に応じた内容と情報量にする

　私が新入社員のころ、とても話の長い先輩がいました。最初は簡単なことを話しているのですが、少しずつ高度なレベルにまで及んでしまうので、説明時間が長いこと。途中から何を教えてもらっているのか全くわからなくなり、ただただ「はい」「なるほど」とうなずいていたことを思い出します。

　当時は、どうしてこんなに長くて難解なのだろうと不思議に思いました。自分の知識レベルの低さに申し訳なさも感じましたが、今になれば、何もかも把握できていたベテランの先輩は、新入社員（初心者）のレベルを想像できなくなっていたのだろうと理解できます。そして、説明しているうちに、「これも知っていたほうがいい」「基本的な考え方だけでなく、応用編も説明しておいたほうがいいのではないか」などと少しずつ話題が広がってしまったのでしょう。

　一度に理解できる内容や情報量は人によって異なります。限界に達した私は、飽和状態になっていました。相手が新入社員に限らず誰であっても説明する側は、相手がどういう言葉を知っていて、どのような表現で説明すれば理解しやすいかといった「相手のレベル」を推し量る必要があります。

　そのためには、「この言葉は習っているのか？」「これは、経験しているか？」など相手の前提知識を確認したうえで、説明する際に役立つ、以下の

話法を使ってみることをおすすめします。

✋アドバイス2　話をわかりやすく組み立てる

【Whole-Part-Whole（全体 - 部分 - 全体）法を意識する】

　最初に全体像を示さずに詳細から入る話はわかりづらいものです。聴いている側は、「何の話を始めたのだろう？」「今、どこを話しているんだろう？」と頭の中には「？」（疑問符）が飛び交います。そうならないようにするのが、Whole-Part-Whole法です。

　　- Whole（全体）：「これからこういうことを説明します」と全体像や概略を伝える
　　- Part（部分）：そのことの詳細を話す
　　- Whole（全体）：「以上、こういうことを話しました」と締めくくる

　この話法を意識するだけで、話は格段にわかりやすくなります。

　例をあげてみましょう。

　「これから、経費精算の仕方を教えるね。経費精算システムの使い方を『交通費精算』の例で説明するから、一緒に操作してみましょう」（Whole）

　「まず、経費精算システムにログインします。次に、メニュー画面から『交通費精算』を選んでください。その次に…」（Part）

　「以上のように、3つのステップで『交通費精算』ができます。他の精算も今の操作方法と基本は同じです」（Whole）

　このように、まず全体の話をしてから詳細に入り、再度、まとめることで、何について説明しているのか、聴いている側は理解しやすくなります。

【PREP法で組み立てる】

　話が抽象的すぎてわかりにくくなっていることも考えられます。そういう時は、PREP法を使います。

　Point（主張点）→Reason（その理由）→Example（例示）→Point（再度、主張点の確認）の4つを意識して話を組み立てると、とても理解しやす

くなります。

先ほどの例を使ってみます。

- Point（主張点）：経費精算の大事なポイントは、毎月の経理の締め日を守るということです

- Reason（その理由）：なぜかと言えば、締め日を守らないと、その月の経費を出せず、企業の運営が滞るからです

- Example（例示）：例えば、今期予算で購入したはずのものを、期が変わってから精算しようとすると、予算が確保されていないものにお金を使ったことになり、経理上のつじつまが合いません。それは、大げさに言うと経営に影響を及ぼすのです

- Point（再度、主張点の確認）：だから、経費精算については、社員一人ひとりが締め切りを守る必要があるのです

実際にPREP法の練習をしてみると、Pointは言えても、Reason（なぜかというと）やExample（例えば）が話せない人を見かけます。「こういうものだ」と覚えてしまっていて、その理由や具体例を言葉で説明できないからです。これでは、教える際の説得力に欠けます。

OJTトレーナーが新入社員に仕事やその考え方を教える場合、説得力があることは大事な要素です。教える場合に限らず、何かを話す際は、常に「理由と例」を頭の中で考え、用意しておくようにしましょう。そのためには、自分がまずしっかり深く理解しておくことが欠かせません。

29 理解しているかがわからない

　「わかりました」と言うそばから、間違った方法でやっていたりします。理解できているかを把握するにはどうしたらよいでしょうか。

☝️アドバイス1　「わかった」ことを自分の言葉で話させる

　「わかった？」と尋ねると、「わかりました」という答えが返ってくるものです。「大丈夫？」には「大丈夫です」、「できそう？」という確認には、「たぶん、できると思います。ありがとうございます」と反応する。よくあることです。そのように答える理由は、いくつか考えられます。

- その時はわかったと思った：説明がすらすらと淀みないので、その瞬間は「わかった」と思っても、いざ着手しようとすると、どこから手をつけてよいのか、全くわからない
- 「わからない」と言いづらい：時間をかけて教えてもらったのに、「わからない」とは言えない、と気を遣ってしまった

　入社2年目を目前にした2月ごろの新入社員フォローアップ研修で「自分の反省を踏まえて次年度の新入社員にアドバイスをしよう」というワークを行った際、参加者から次のような話がありました。

　「配属直後の後悔と言えば、わかってもいないのに『わかった』と言ってしまったこと。わからないからもう一度教えてくださいと言えばよかった」

　なぜ、「わかった」と言ってしまったのか、なぜ「わからないからもう一度教えてくださいと言えなかったのか」をグループのメンバに聞かれ、「先輩の勢いに負けて、つい、わかったと言ってしまった」と言うのです。周囲

も、「ああ、それわかる！　わかる！」と盛り上がっていました。

　新入社員は、マネージャや先輩、周囲の人の空気を読み、かなり気を遣います。だから、「わからない」と言えなかったのでしょう。

　では、先輩ができることは何でしょうか。それは、「アウトプット」させることです。「わかった」のであれば、それをアウトプット（外に出す）することもできるはずです。こんなふうに会話してみるのはどうでしょうか。

　「わかった？」

　「はい、わかりました」

　「じゃあ、自分が理解したことを説明してみてくれる？」

　これで説明できたら、しっかり理解できたことがわかります。説明がおぼつかない場合は、まだ理解が不十分だということです。

　例えば、営業部の若手社員に「製品の説明の仕方」を教えたあとで、「はい、わかりました」と返事があったら、「じゃあ、今から、私をお客様だと思って、簡潔にプレゼンしてみてくれる」と言ってみます。「顧客に提案する」場面を想定して説明してもらうと、正しく理解できている箇所と理解が不十分だなと思う箇所がわかります。

　「○○についての説明はばっちり！　そのとおりに進めて大丈夫」

　「××はちょっと不安が残るかな。再度説明するから、しっかり聴いててね」

　こんなやり取りを通じて、後輩の知識はより確かなものになります。

　「説明してみて」のほかに、「描いてみてくれる」「どういう段取りで進めようとしているか順番を教えて」「何をする予定か具体的なタスクをあげてみてくれる」など様々なバリエーションがあります。相手にアウトプットしてもらうことで、理解度を確認しやすくなりますので、ぜひ、試してみてください。

☝️アドバイス2　「内容が理解できない」状態に置かない

　会議の際などは、新入社員がその内容を理解できないままにしておくと、

居眠りをするということもあるようです。「新入社員が会議中にこっくりこっくりしている。困る」という愚痴を時々、OJTトレーナーから聴くことがあります。しかし、彼ら彼女らが眠くなるのには理由があるようなのです。

　以下は、新入社員向けフォローアップ研修の休憩時間での会話です。

　「会議中って眠くなりやすいから、気をつけている」

　「わかる～、眠くなるんだよね、会議」

　「そうそう、だって自分にわからない言葉が飛び交っている」

　「内容もよくわからない」

　「誰の話なのか、何を話し合っているのか、まるで意味不明なので、少しずつ意識が遠のく」

　「シャーペンで手をつついていたら、たくさん跡が残っていたこともある」

　「何か意見ない？　と聞かれても、その前の話がずっと理解できていないから、意見どころか質問すら思いつかない」

　確かに、「何の話をしているのか」全くわからなければ、集中力も途切れ、関心が薄れていくのも理解できます。とはいえ、会議の流れを遮ってまで、「何の話をしているんですか？」と質問するのもはばかられる。理解できない状態が続けば眠くなるのも無理もありません。

　OJTトレーナーや先輩たちは、会議の場も仕事を教えるチャンスととらえ、以下のようにフォローするのもよいでしょう。いくつか工夫を紹介します。

　　– 会議中に、専門用語や社内用語が出てくるたびに、「○○って言葉、わかる？　聴いたことある？」と確認し、説明している

　　– 「わかる？」と聞けば、「はい」と遠慮して答える可能性もあるため、「○○という言葉はね、…のことだよ」と都度、小声で教えている

　　– 社内の定例会議に限っては、思い切って若手社員を司会進行役にしてみた

　とりわけ、若手が会議を進行する例は興味深いものです。議事を進めようとすると、若手自身にとってわからない言葉が出てきます。まだまだ職場の

知識が足りないので当然です。進行役として議事を進める責任があるため、わからないままでは進めることができません。だから、途中でいったん会議を止め、「あのぉ、この言葉はどういう意味でしょうか？」「このサービス、どういうものですか？」などと確認するようになります。もちろん、これでは会議の進行は時間がかかりますが、案外、他のメンバもわかっていないことが多くて、「実は私もそれ、何か知りたかったんです」と言う人も出てきたりします。リーダーが進行していた時は、みんな納得顔で参加していたものの、他のメンバたちも理解していない点が多いことがわかり、全体の理解が進む結果になったというわけです。

　リーダーが常に会議の進行役になっていると、リーダーの負担が重くなりますが、会議の準備や進行にかけるエネルギーを意思決定などに振り向けることができて、リーダーの負担軽減にもつながります。

　会議中に主人公になるような役割を若手に与えることは、いいOJTの機会になりそうです。

30　質問にどのように対応すればよいか？

　新入社員の質問する際のマナーが気になります。質問の仕方、その答え方についてOJTトレーナーとしての留意点はありますか。

👆アドバイス1　　前提となる知識があるかをまず確認する

　先輩に質問することを、新入社員はどのように感じているでしょうか。

- 答え方が怖い
- 「前に教えたよね」と言われてしまう
- 「自分で調べたの？」と冷たく言われる
- 説明が早すぎてついていけない
- わかった？　と聞かれるが、わからないと言いづらい威圧感がある
- 「今忙しいからあとで」と言われるが、「あと」がいつかわからない
- 説明が詳しすぎて、途中でわからなくなる

どうやら、質問するのに躊躇する理由がたくさんあるようです。

　一方、先輩側の言い分はこうです。

「新入社員にはいつでも質問していいと言ってはいますが、考えている最中や中断しにくい作業をしている時に聞いてくる。今、時間とれますか、と断わってくれるといいのだけど、突然ばーっと質問されると困ってしまう」

　「外出しているのはわかっているはずなのに、電話で質問してくる。今、話せますか、などと聞くこともなく話し始められても、客先に到着したばかりとか、電車内などタイミングが悪いこともある。マナーとしてひと言、今は大丈夫かと聞いてほしい」

焦るあまりにすぐ質問してしまうという心情もわからなくはないものの、質問の仕方などのマナーがなっていないことから、先輩側がつい冷たくなったり、ぶっきらぼうになったりしているのかもしれません。こういう場合こそOJTの機会で、「唐突に話し始めないで、『今お時間ありますか』と都合を確認するものだよ」とマナーを教えるのは先輩の役目です。

　質問の仕方はさておき、先輩の以下のような対応には課題が残ります。

　一つは、話しているうちにイライラしてくる、というものです。初めて聴く話を一度ですんなり理解できないことは、新入社員の表情や態度でわかります。「わからなかったころの自分」のことはすっかり忘れて、新入社員のレベルがわからなくなっているので、かなり丁寧に説明しているつもりなのに理解していない様子に、不満が増幅するのです。前提となる知識も経験も不足していることを踏まえ、いったん深呼吸をするなどして心が落ち着いてから「この言葉、聴いたことある？」など、前提知識を確認しながら教えます。

　質問に即答せずに、新入社員に答えを考えさせようと「あなたはどう思うの？」と問い返すことも、新入社員を追い詰めることがあります。知識が不足しているのであれば、考えても答えは出てきません。だから、「考えてわかることなのか、知識自体が不足しているので考えても仕方のないものか」を見極め、知識が足りないものは「教える」ことが大事なのです。

　知識はもっているはずなのに、どうすればよいのかわからないのであれば、「考え方」を教えます。「考え方」を伝えることで、新入社員は自力で答えを見つけ出すことができるかもしれません。

　「考え方」を伝えても答えにたどり着けない場合は、コーチングにより、質問しながら、導いていきます。コーチングとは質問を中心としたコミュニケーションを指し、相手の中から答えを引き出すためのアプローチです。

　「そういう時、お客様はどう思うかな？」「お客様はどう反応すると思う？」など、質問しながら、新入社員が答えを見つける手助けをするのです。

アドバイス2　最初は周囲の者から声かけをする

　自分から周囲に働きかけてほしい、というOJTトレーナーの声もよく聴きます。「自分からもっと主体的に積極的に周囲に働きかけ、質問、疑問を解消してほしい」「大人なんだから、新入社員側から、わからないので教えてくださいと言ってほしい」と言うのです。

　新入社員側は、「いつも忙しそうにしているので声をかけにくい」「いつも自席にいらっしゃらないので、いつ相談したらよいかわからない」「時々、席に戻ってきても、次の会議の準備をしているみたいで、どのタイミングで質問していいのかわからない」と悩みがちです。場合によっては、「ものすごく、近寄るなという空気を醸し出しているので、相談しにくい」ということもあるようです。

　後輩が相談にこないと感じているなら、自分のたたずまい、あり方を見直してみることも大事です。「忙しい！」という空気を出していないか。難しい顔をしていないか。せっかく後輩が相談しているのに、PCを操作しながら、「ながら聴き」をしていないか…。

　手を止めて、相手のほうを向いて、相手に集中して会話しているかを自問自答してみる必要があります。話し手から見た、聴き手の「見た目（聴き方）」はコミュニケーションに大きく影響してきます。

　また、しっかり聴く態度を示していると思っていても、新入社員が質問している途中で、割って入っているかもしれません。例えば、

　「質問していいですか？　○○の作業をしている最中なのですが、この書類の、この部分…」

と後輩が相談を始めたところで、

　「ああ、○○の件ね。それは、…」

と質問を遮り、答え始めてしまう人もいます。

　相談する側としては、「まだ全部を言いきっていない」「そこが質問や相談のポイントではない」と思っても、先輩が何か言い始めるものだから、「は

ぁ、なるほど」と、言いたいことを引っ込めざるをえなくなることもあるのです。

最後まで聴き、「あなたが知りたいことは、こういうこと？」と要約し、相手の趣旨を確認してから、「だとすると答えはこうだよ」とアドバイスするようにします。

また、新入社員が自分から質問や相談にやってくるようにするためにも、最初は、OJTトレーナーから、時々でも声をかけることも大事です。

午前と午後に１回ずつ、「何かある？」と声をかけるようにしているOJTトレーナーもいます。放っておいても新入社員側からはなかなか言ってこないので、自分が声をかけると、「じゃ、聞いてもいいですか？」と話し始めることも多いようです。

周囲が働きかけることで質問や相談がしやすくなり、そのうち、先輩から声をかけられなくなっても、新入社員から少しずつ周囲に尋ねるようになっていくことでしょう。

31 同じことを何度も聞いてくる

　「それ、前にも教えたよね」と思うことを何度も質問してくる後輩に苦
慮しています。ノートをちゃんととっていないのが原因かと思います。

☞アドバイス1　「質問ノート」に書き込み、見直させる

　何度も同じことを聞いてくる時は、実はノートに残していなかったとか、
メモはとったものの、どこかへなくしてしまった、ということがあります。

　実際、「新入社員がちゃんとノートをとらない」という嘆きを時々耳にし
ます。教えている時にノートをとっていないことがわかっているのであれ
ば、教えるのをいったんやめて、「ノートをもってきて」と言えばよいので
す。メモしていないことがわかっていながら、あれこれ教えて、結果的に後
輩がほとんどを思い出せない状況になっていたのでは、互いの時間がムダに
なります。リモートでOJTをしている場合なら、オンライン会議上でメモパ
ッドを立ち上げ、画面を共有することで、メモしている様子が確認できます。

　「記憶できるから大丈夫です」という人もいますが、同じことを何度も質
問してくる場合は、記憶にもとどまっていないのでしょう。また、メモはし
ていても、その時手にしていた資料などにその場しのぎで書き込んでいるだ
けで、あとで見直せるようにファイリングもしないのでは、意味がありませ
ん。

　「ノートを定めることが先決」だと思ったOJTトレーナーは、「質問ノー
ト」という名前の大学ノートを1冊つくるように言い、どんな質問でもこの
ノートに時系列に書き記していくようにと指示しました。業務カテゴリ別な

どで分類するのも手間なので、ひたすら習った順に記録させていました。そのうえで、1週間に一度、そのノートをざっと読み返す時間をとり、どういうことを教えてもらったか、どういう疑問に対してどんな回答があったか、何を調べて、どう指導されたかを復習するよう促しました。

　ノートを読み返すと、忘れていたことを思い出したり、疑問があった際、ノートに書いてあるメモを見直して再確認できたりと、ある程度は自分で解決できることが増えます。それでも、わからないこと、疑問は生じますので、「ノートで確認したうえでの質問は、いつでも歓迎」というルールを設けました。

　「ノートを見てもわからなければ再度教えます。何度同じ（ような）ことを質問してきても、そこは責めません。ただし、ノートの該当箇所に『正』を一画ずつ増やしていき、2回教わった、3回目だということがわかるようにしました。やがて、『正』の棒が多い項目がわかってきます。そこが頻出する作業だったり、自分にとっての苦手だったりがわかるんです。今度は、そこを重点的に勉強させます。つきっきりで教えてもいいです」

　そうやって約1年蓄積したやり取りが数冊の大学ノートになりました。

　「どんな内容を記録しているのですか」と尋ねると、「もう、会社で学んだありとあらゆることです。ある時、ノートを見せてもらったら、魚の絵と『顔は左』って書いてありました。聞いたら、忘年会の席で、焼き魚の向きを左右逆に置いたら、マネージャから『魚の顔は左』と指摘されたんだそうです。そういう細かいことまで記録してて、ちょっとほほえましかったです」と教えてくれました。

　このノートは、新入社員が数年後にOJTトレーナーを担当することになった時の後輩指導に役立つことでしょう。そのころには、当人も新入社員時代に「何がわからなかったか」「どこでつまずいたか」を忘れているかもしれません。しかし、そのノートから「新入社員がつまずく箇所」「新入社員にとっては難しいこと」「自分が丁寧に指導されたマナーや仕事上の作法」などや新入社員の気持ちを思い出すことができるので、指導する際のよいツー

ルになるはずです。

✊ アドバイス2　　まず全体像をイメージしてもらう

　それでも、何度も聞いてくることがあります。それは、全体像がわかっていないからなのかもしれません。

　「新入社員の物覚えが悪い」「一進一退で、覚えたことがリセットされる」「何度も聞いてくるけど、どうしたらいのだろう」というOJTトレーナーの悩みを聴くことがあります。しかし本当に物覚えが悪いのでしょうか。新入社員側の言い分も聴いてみると、「業務の細かな指示を出す前に、どういう業務なのかを説明してほしい」という声があがります。

　未熟な新入社員に仕事を教える際は、「何をすればよいのか」の細かい指示を出すことにはエネルギーを使っても、「どういう業務なのか」という全体像を説明し忘れることがよくあります。全体像を話しても今はまだわからないかな、難しいかなとの配慮からくることかもしれませんが、新入社員にとっては、それでは仕事を覚えるのにかえって時間がかかってしまうのです。

　TVの「料理番組」をイメージしてみてください。「今日はこういう料理をつくります」とでき上がりをまず見せて、どういう時に向いた料理なのか状況や背景も話したうえで、講師は料理の具体的な工程の説明に入ります。

　いきなり、「玉ねぎを刻んでください」「ジャガイモは3cm角に切って」と言われたら、「これから何をつくろうとしているんだろう」と頭の中は「？」だらけになることでしょう。そこで、「こういう料理をつくります。全体で1時間くらいかかります。おもてなし料理にぴったり」などと目的や概要を説明することで、視聴者は「全体像」を頭に置いたうえで、玉ねぎを刻むなどの詳細手順に入ることができ、一つひとつの作業が理解しやすくなります。

　仕事の説明もこれと同じです。「こういう仕事をする」「全体像はこうなっている」「これをするのは、こういう理由があるから」など、まず大枠を伝えます。そのうえで細かくやり方を教えれば、理解しやすくなるのです。

ある時、「若手の国語力を鍛えるにはどうしたらよいでしょう？」とOJTトレーナーから相談されたことがあります。「3年目までの若手が複数いるチームのリーダーをしています。若手には成長してほしいので、いつでもどんなことでも質問してきてね、と言っています。だから、気軽に質問にはきてくれる。だけど、彼らの質問、何を言っているんだかちっともわからないんです。コミュニケーションが下手すぎて」と言うのです。私は次のように答えました。

　「仕事の全体像が見えないからだけかもしれないですよ」

　「え？　だって、配属されてすぐにオリエンテーションして、この部署での仕事の全体像はしっかり丁寧に説明しましたし、マニュアルもあります」

　「なるほど。でも、だまされたと思って、まぁ、試してみてください」

　翌日さっそく、後輩たちを会議室に集め、「オリエンテーションの際に説明はしたけど、今一度、仕事の全体像を確認しておこう」。そう言って、ホワイトボードにそのチームが携わっている業務の全体像を描き、どういうプロセスで仕事が動いているか、利害関係者や工程の関係とともに、若手メンバに担当してもらっている仕事はどの部分かを説明したそうです。

　若手は、まるで「初めて聴いた！」とでも言わんばかりの反応で、「へぇ、そうなんですね」「そういうことなんですね」と深くうなずきながら、メモもとりつつ聴いていました。数日後、OJTトレーナーはこう感じました。

　「あれ？　若手の質問が理解できる。国語力が向上したのかな？」

　しかしよく考えてみると、彼らの質問の「ピントが合ってきた」のです。

　「そうか！　国語力やコミュニケーション力が不足しているのではなく、仕事の全体像が見えないから、的外れな質問、ピントのぼやけた質問になったのだ。全体像をあらためて理解したことで、自分の不明点も明確になり、私にも伝わる、焦点の絞られた質問になったんだ。国語力などではなかった。私が、一度説明したからと言って安心せず、彼らがイメージできるまで何度でも全体像を教えればよかったんだ」

　全体像から理解させることの重要さが学べるエピソードです。

32　わからないことを質問されたら？

　わからないことを聞かれたら、どうすればいいのですか？　「知らない」「わからない」と言うのでは信頼を失いそうで心配です。

アドバイス　　わからないことをともに学ぶ姿勢を示す

　「自分も未熟なのに後輩指導をしていいのか」「自分もできていないのに教えられることなんてない」「自分もできないことを後輩にフィードバックするなんて無理」と言うOJTトレーナーが時々います。

　自身が勉強中の身でOJTを担当するなんて、不安でいっぱい。このように考えるのは、指導する側（OJTトレーナー）は、完璧でなければいけないと思うからではないかと想像します。しかし、知識もスキルも万能な人が後輩を指導すべきであるなら、適任者などほとんどいないでしょう。

　OJTトレーナーは、後輩の上に立つ人ではなく、伴走者です。一緒に走っていけばよいのですから、わからないことがあったら、自分も一緒に考える、調べる、誰かに聞きに行くなどすればよいのです。

　絶対に避けるべきは、わからないことを適当にごまかす行為です。後輩からの質問に、自分が未経験で知識がなかったため「あ、それね、知らなくても大丈夫。私も知らないけど、この部署では困ったことがないから」と答えて信頼を損ねた人がいます。後輩の学ぶ意欲は大切に育てていくべきものです。せっかくの向上心、好奇心の芽を摘んでは元も子もありません。

　このような時は、「ああ、ごめん、私も経験がなくて、それ知らないんだ。一緒に調べてみようか」「それに詳しい人がいるから、聞きに行こう」

などと、ともに学ぶ姿勢を示すとよいでしょう。

エンジニア職のOJTトレーナーが、「新人って"使える"んです」と話してくれたことがあります。会ってみたい、関わりをもちたいと思う社内の第一人者たちに、「新人をダシに」会いに行くことにしたのだそうです。

「この○○って技術、知ってる？　詳しい人に聞いてみたくない？」

ここで新入社員は断わることはできません。よくわからないことを聞かれているうえ、先輩の誘いだからです。

「別フロアにいるんだけど、その人に会いに行って、教えてもらおうよ」

OJTトレーナーは、ある分野の第一人者のAさんに連絡をとります。

「うちに配属された新入社員が、Aさんに○○技術のことを教えてもらえたらと言っているんですが、お時間いただくことはできますか」

Aさんは、「新入社員が興味をもっている」という点で親心が発動して、「あ、ぜひぜひ、いいですよ」と即答してくれました。30分程度の時間をとってもらい、OJTトレーナーも一緒に、○○技術について教えてもらいます。

新入社員には多少難しい内容ですが、OJTトレーナーは理解できます。自席に戻ってから、「さっきの話、全部理解できた？」と聞けば、「いえ、一部だけしか…」と自信なさげな様子。「では、今から復習しよう」と、聴いたばかりの話を今度はOJTトレーナーが自分の言葉で後輩に説明します。そうやって後輩に説明しながらOJTトレーナー側は理解が深まり、新入社員も同じ話を2回聴くことで深く理解ができ、一石二鳥だったそうです。

この事例は、①一度、面識をもっておけば、何かあったときに新入社員が自らその先輩と会話することもできる（社内人脈づくりにつながる）、②OJTトレーナーも学べる（自身の成長につなげられる）点に知恵と工夫を感じます。新入社員を教え育てつつ、自分にもメリットがあるように工夫し、楽しみながらOJTに取り組んでいることが伝わってきます。このOJTトレーナーは新入社員を携えて、半年で10人の各分野の第一人者に会ったそうです。

テレワークであれば、離れた拠点の様々な人とも簡単につながることができますので、この方法の実現可能性はさらに高まりそうです。

33　OJTのための時間を確保する

悩みのあるある

　通常業務で手一杯で、新入社員のために時間を割くことができそうもありません。どうやって時間を捻出しているのでしょうか。

✍アドバイス　　就業時間内に「OJTタイム」を組み込む

　現在は、働き方改革も叫ばれ、残業を減らす方向で企業も働きかけているため、OJTの現場では、「残業はせず、自分の業務はこなしたうえで、さらに新入社員の育成もしてね」といった矛盾とも思える指示のジレンマに戸惑う声が聴かれるようになりました。

　実際、「『わからないことがあったら、いつでも質問してね。何か作業しているように見えても、割り込んでいいから』と伝えたところ、四六時中、質問され、相談され、報告を受け、何度も割り込まれるため、時間が細切れとなり、自分がすべき仕事がどんどん夕方に押されてしまう。自分の業務に着手できるのが定時以降になり、結果的に残業が増えてしまった」などと悩むOJTトレーナーもいます。

　それを避けるため、「OJTに使う時間を最初から決めてしまう」という例をよく耳にします。

　最初の数週間は、「いつでも質問してほしい」として、手取り足取り関わってもよいでしょうが、それはあくまでも新入社員の助走期間につき合うようなものです。ある程度、できることが増えてきた時点で、新入社員に使う時間を「OJT定例会」として決めるのです。

　あるOJTトレーナーは、「夕方16時から30分を新入社員のために使う」と

あらかじめ決めて、スケジュールにも「OJT定例会」と記載するようにしていました。こうしておけば、会議などにより割り込まれることを防げます。「質問等をするのはいつでもいい」のでは、自分の仕事が細切れになりますし、「空いた時間ができたら、新入社員のOJTに充てよう」と思っても、都合よく時間の調整はできません。そこで、OJT定例会を最初からスケジュール化するというわけです。

　指導も質問対応も基本的にはこの時間に行うようにします。「いつでも質問してもよい」というのは、新入社員にとって親切ではありますが、気を緩ませる原因にもなります。16時からの30分にできるだけ質問を集中させるようにすることで、新入社員側も、仕事の段取りを考えるようになります。「これはわからないからOJT定例会まで着手せずにいったん脇に置いておこう」「この仕事は自力でできそうだから、16時までに済ませてしまおう」などと優先順位を考え、生産性を上げる工夫をするようになります。

　16時であることにも意味があります。OJT定例会が朝一番では、まだ質問したいことがないか、前日からずっと疑問だったことを一晩経ってようやく解決することになります。終業直前の17時台では、その時の疑問は解消しますが、仕事を終える時間でもあるため、教えられたことを試すのが翌日に回ります。16時にOJT定例会をもてば翌日のスケジュールを話し合うこともできます。

　「いや、私は朝9時半にやりますよ」と言うOJTトレーナーもいました。この場合は、前日の振り返りをしてから、その日行うことの意識合わせをして業務にあたることができます。9時始業の場合、9時半にOJT定例会を行えば、始業からの30分で新入社員は前日の振り返りをしておくことができます。

　この方法をとると、OJT定例会よりあとの疑問解決などは翌日に回る懸念がありますが、緊急事項や重要事項は定例会に限らず「いつでも対応するよ」と取り決めをしておけば済みます。それでもOJT定例会を1日1回行うことで、突発的な割り込みは減るはずです。

なお、一人の人ができることは限られていますので、新入社員の育成が付加されるのであれば、もともと自分が担っている業務を他のメンバに担当してもらうなど、業務の負荷調整が必要です。これは、OJTトレーナー一人ではできないので、マネージャと相談しながら進めていきます（当然、マネージャもOJTトレーナーに負荷が集中しないよう、業務量については心を砕くべきです）。

　マネージャと話し合って業務調整をしたとしても、どうにもならないケースがあります。例えば、プロジェクトの納期直前の時期にOJTがぴったりと重なってしまい、新入社員にかまうことがほとんどできなかった、などです。

　こういう場合は、早めにマネージャや主管部署である人事部などに相談し、対応を考えたほうがよいでしょう。周囲を巻き込み、他の先輩たちもカバーできる体制を築けるかをしっかり検討します。OJTトレーナーが多忙なまま新入社員が放置状態に置かれることは避けなければなりません。いちばん影響を受けるのが、成長途上の新入社員だからです。

第 **V** 章

社会人としての基本を学ばせる

ビジネスマナーやマインドなどは働く際の基本となります。業界や職種にかかわらず普遍的な要素はOJTでしっかり教え、身につけさせたいものです。

34 ビジネスマナーを教えるには？

　ビジネスマナーは入社時の研修でも習っていますが、あらためてどう教えればいいのでしょうか。

☝️アドバイス1　　具体的な表現を用いて、理由も示す

　たいていの企業の新入社員研修で、敬語の使い方、名刺交換の作法などの学習がカリキュラムに組み込まれています。しかし研修で学ぶのはあくまでも基本です。実務でのマナーはOJTで扱う必要があります。お辞儀の仕方を教える際は、「心を込めて」「丁寧に」をキーワードに、「こういうふうにやる」と実践して見せていると、あるOJTトレーナーは話していました。

　しかしこの教え方では「心を込めたお辞儀」「丁寧なお辞儀」が意図するところが理解されず、先輩の期待とはどうしても一致しないと言います。

　仕事を教える際は、できるだけ具体的な言葉を使うことが大事です。あいまいな言葉や、人によって受け止め方や解釈が異なる表現を使うのは極力避けるようにします。どういうお辞儀をすると「心を込めた丁寧な」状態になるのか、具体的な目安を示すことが大事です。

　ある和食店では、あいまいな言葉では伝わりにくいので、マニュアルでもできるだけ具体的に指示しているそうです。例えば、「お客様のお茶が減ってきたら、お茶を注ぐ」といった書き方だと、「どのくらい減ってきたら」注いだほうがよいのか個々人の判断に差が出る。また、1cmくらい減って注ぐと、お客様から「まだいい」と言われ、残り1cmになっているのに注がなければ「気が利かない」「サービスが悪い」と思われてしまう。そこで、「お

客様がお茶を飲むとき、顎を上げるようになったら減った証拠。お茶をお入れしましょうか、と声をかける」と目安を示しました。そうすることで、誰でも一律に判断し、動けるようになりました。

　今や対人コミュニケーションは、「低コンテキスト」（言葉にした内容のみが情報として伝わるコミュニケーション。言外の意味を察して理解するコミュニケーションのとり方である高コンテキストの対極に当たる。本書52項参照）を前提として行うほうが無難です。あいまいな言葉を使っていることに気づいたら、すかさず、具体的な表現に置き換えてみることです。

　お辞儀やあいさつの仕方でも、例えば、「頭から腰まで一直線にして、45度腰から折り、戻す。お辞儀で1秒、戻しに2秒。戻すほうをゆっくりしたほうが、より丁寧と感じていただける」などと目安を示せば、誰にとっても行動に移しやすい指導に変化します（マナーとしての教え方はその組織での標準に従ってください）。

　なお、マナーを教える際は、単に形として伝えるのではなく、その理由や理屈を添えるということも大切です。理由と言われているものには諸説あったりしますが、理屈がわかるだけでも理解しやすく、覚えやすくなります。

　例えば、名刺交換において、「名刺を受け取る際は、相手の名前の上に指がかからないようにもつ」のは、「名刺は相手の分身のようなものであり、相手の顔に手をべたっと乗せるようなもの」だからである、「受け取った名刺は、自分の名刺入れの上に置く」のは、「相手に、丁寧に扱うことを示している」からである。このように理由や理屈を伝えると、理解は深まります。

　もちろん、グローバル化が進む中、何が正しいマナーかは一律ではなく、マナーに関する考え方は時代とともに変化していくことでしょう。

✊ アドバイス2　　気になる場面で「あるべき姿」を指摘する

「マナー」や「気遣い」に唯一の正解があるわけではないので、新入社員

は新入社員なりにマナーある行動をとり、気遣いもしているつもりでいると思います。ただし、先輩たちが期待するレベルでないのかもしれません。

あるコンビニエンスストア向けのサービスを提供するチームが顧客（つまりコンビニエンスストア）との会議に新入社員を帯同した時のことです。会議室に着席して、それぞれが持参した飲み物をテーブルに置いたところ、連れてきた新入社員が、ライバル社が販売しているプライベートブランドの飲み物を取り出しました。OJTトレーナーは、「しまった！ 事前に注意しておくのを忘れた」と思い、すぐさま、「○○さん」と小声で声をかけ、そのペットボトルの飲み物をしまわせました。打ち合わせ後、新入社員には以下のように説明しました。

「ごめん！ 事前にちゃんと教えておかなかった私が悪かった。ただ、せっかくの機会なので覚えておいてほしいんだけど、例えば今日だったらコンビニA社との打ち合わせだから、持参する飲み物はA社で扱う商品であるべきなのね。○○さんが取り出したのはB社のペットボトルだったけど、そういう配慮は必要だからね」

新入社員はそこまで気が回らず、もちろん悪気があってのことではないので、「そういうものなんですね」と素直に聴いていたそうです。

新入社員を「気が利かない」「マナーがなっていない」と嘆く人がいますが、何をどこまで配慮すべきかを慮ることができるようになるには、その「知識」が必要です。飲み物持参の会議、とだけ思っていると、自分のお気に入りの飲み物を持参してしまうのは自然の流れです。

この例では、プライベートブランドについての配慮を説き起こしていますが、あわせて、お客様と打ち合わせする場合はお客様の商品やサービスを事前に調べておくこと、できれば、そういうものを持参すること、それ以外の商品やサービスの話をしないことなど、汎用性のある説明をすることもできます。

新入社員に大切なことを教える機会は随所に見出せますが、この例のような「あ！ まずい！」という場面は、まさに「あるべき姿」「大切なこと」

を教えるチャンスです。

　かつて、新入社員に「それは社会人の常識です」と言った私は、「そういう常識がないのが新入社員です。その社会人の常識を学ぶために今、OJTを受けているんです」と、微笑みながら返されたことがあります。つい何気なく、「社会人の常識」といったあいまいな言葉を使ってしまいましたが、新入社員がそんなことを知っているはずはないのです。しかもその「社会人の常識」は時代や環境とともに変化していきます。OJTトレーナーなど指導する側も、時代に合ったマナーや気配りは何かを時々、見直すことが必要です。

35　コミュニケーション力をつけさせる

　敬語と電話対応が特に苦手のようです。仕事をするうえで必要な口頭や電話でのコミュニケーションをどのように教えたらいいですか。

アドバイス1　　若者言葉の違和感を自覚させる

　「うちの新人、敬語がダメ以前に、友だち同士の言葉みたいなのがぽろぽろ出てきて」という悩みを時々、耳にします。

　例えば「え？　それ、マジっすか？」「やばいっすね」。このような言葉を発する新入社員に、「丁寧に話して」と何度、指摘しても同じような話し方を繰り返すことに悩んだOJTトレーナー。ある時、そうか、自分なりに丁寧に話しているつもりなのだと思い至り、別の指導方法を試してみました。その新入社員の言葉をそのまま使ったのです。

　「先輩、この資料、やばいっすね」→「そうそう、やばいっすねー」

　「締め切り、明日の昼までって、マジっすか」→「マジなんすよ」

　さすがに新入社員も違和感を覚えるらしく、「なんすか？　それ。真似しないでくださいよ」と言うので、自覚していることがわかります。

　「〇〇さんの話し方って、こういう感じなんだよ。違和感があるでしょ？社会人になったのだから、言葉遣いも少しずつ改善しようね」と言うと、初めて、「確かに。わかりました」と素直に応じました。

　ほかにもこんな例があります。

　「微妙に敬語がおかしい」新入社員。打ち合わせの席で、先輩がヒヤッとすることもたびたびあり、かといって、顧客など社外の人の前で注意するこ

ともできないので、会議中、メモを残していました。

　会議が終わり、社内のメンバだけで振り返りをする際に、「言葉遣いについてもフィードバックしていいかな」と先輩が切り出します。

　「途中で、私のことを、『○○さんがおっしゃっていたのですが』と言っていたけど、私は身内だから、尊敬語ではなく、謙譲語だよ」

　「え？　じゃ、なんて言えばいいんですか」

　「『○○が申しておりました』『○○から聴いております』でいいんだよ」

　「なるほど、そういう言い方をすればいいんですね」

　新入社員は、こういうちょっとしたタイミングで指導された言葉をその都度メモに控えておき、意識して使うようにしました。3か月もすれば、社会人らしい会話ができるようになります。

　新入社員は、吸収力自体が高いので、教えたら比較的早くできるようになります。知らないからできないにすぎないこと、これまでは社会人とは異なる「常識」の世界に生きてきたから仕方がないこと、「非常識」と思えることについては、彼らの「常識」をアップデートする必要があるととらえることが重要です。

　「なんて常識がないんだ！」と嘆くのではなく、「こういう言葉遣いをするものだ」と伝えるのが先輩の役目です。

✊アドバイス2　プレゼンなどの機会を設け、担当させる

　朝礼を実施しているある部署では、配属された新入社員に3分間スピーチをさせることにしました。テーマは、「その日の新聞から選んだ記事を自分なりに考察する」で、週1回、1年間、約40週間続きました。顧客にプレゼンする機会が多い職場でもあり、まずは、人前で話すことに慣れさせたいという目的でしたが、いくつかの副産物があったそうです。

　テーマを選び「何を話そうか」を考えるので、会社のことだけでなく、世情に関心をもつようになり、結果的には広い視野を育て、社会についての理

解を深めるのにも役立ったと言います。先輩たちにもメリットがありました。

「今日はどのニュースを選ぶだろう」と先輩たちが予測し始め、当たった！外れた！　などと盛り上がり、結果的に先輩たちも世の中の動きに明るくなっていきました。新入社員が選ぶニュースは、先輩たちの予想を裏切ることが多く、若手の感性が刺激になったばかりか、一見、無関係に思えるトピックスを自社ビジネスと関連づけて話すスピーチには、時々目から鱗なこともあったと言います。

人前で話す、プレゼンすることで、話の構成や立ち居振る舞いなども学ぶことができます。先輩たちは内容や話し方にフィードバックをし、そのフィードバックを聴くことで、先輩同士でも学びがあったそうです。新入社員だけでなく、先輩たちにとっても成長につながるアプローチです。

☝アドバイス3　電話は、練習と数をこなして慣れる

たいていの職場で、まだまとまった仕事が担当できるわけではない時点で新入社員に任される仕事の筆頭は、「電話をとる」ことです。電話対応は他者とのコミュニケーションやマナーを磨くよい機会になり、まだ一人で解決できないことが多いことから、周囲の協力を得ながら対応するという練習にもなります。

「配属されたばかりの新入社員が、電話が鳴るたびにぴくっとして小さく飛び上がる。あんなにビビらなくてよいのに」と話してくれたOJTトレーナーがいます。子どものころから携帯電話に慣れ親しんでいる世代にとっては、電話といえば、1対1の関係で使うツールのこと。しかも通話よりチャットのほうに慣れています。家に固定電話がすでにないという人も増えています。2017年ころ、新入社員研修で、「家の電話を取り次いだ記憶がある人？」と尋ねたら、「ありますけど、最後が中学生の時ですねぇ」という人がいました。

「○○でございます」「お父さん、いらっしゃいますか？」「父は不在ですが、何か伝えておきましょうか？」といったやり取りをした経験がほとんどない、そういう若手社員が、会社の固定電話に出るということがどれほど緊張する経験か、想像に難くありません。

電話に苦手意識をもつ新入社員がだんだん電話を避けるようになっていることに気づいたOJTトレーナーは、ある時、「大丈夫だからとってごらん」と電話に出るよう指示しました。こわごわと受話器を持ち上げた新入社員は、なんとか電話対応を終えました。受話器を置いた瞬間、隣にいたOJTトレーナーは一言、つぶやきました。

「落ち着いてやればできるじゃん」

先輩から「できるじゃん」と認められたことで、新入社員は電話をとることへの躊躇が減ったそうです。その後、徐々に進んで電話に出るようになり、しばらくすると堂々と対応できるようになりました。

「電話対応がいちばん苦手」という新入社員には、自分が練習相手になり、何度か練習につき合うというOJTトレーナーもいます。テレワークが中心の会社や職場でも、オンライン通話の機能で練習は可能です。オンライン会議でカメラをoffにして、新入社員とOJTトレーナーとで顔が見えていない状態で電話での会話を練習します。録音しておき、その後、フィードバックすることもできます。

社会に出るまでにあまり経験してこなかったような行為は、OJTトレーナーなど先輩が練習につき合えばよいのです。

👍アドバイス4　先輩との違いを本人に見比べさせる

コールセンターに配属された新入社員に、受け答えの練習を録音し、それを聴き直してもらうことで改善をはかる方法をとっても、新入社員自身は一生懸命やっているので、どこがいけないのか、わからないというケースがあります。そのような場合は、対応の上手なベテラン社員の実際のやり取りも

録音して、聴き比べてポイントを書き出すようにさせているという例を聴いたことがあります。

　録音を漠然と聞いていると、「自然だなぁ」「上手だなぁ」としか思いませんが、「どこがどう違うか、リストアップしてみて」と指示。すると新入社員は、「自分の対応とはここが違う」「先輩の受け答えにはここに工夫がある」「これは自分は言わなかったセリフだ」などと分析でき、ポイントやコツが整理できました。

　もちろん、すぐに先輩と同じようにできるわけではありませんが、自分で比べさせることは、とても効果的な学習方法です。

36 ビジネス文書作成の指導法

　ビジネス文書が下手です。添削しても改善しません。応用力が弱いのでしょうか。

🖐️アドバイス　　問題点をフィードバックし書き直させる

　「後輩の議事録、真っ赤っ赤にして返すことが多い。本人は落ち込んでいるけど、その次に出てくる文章も、あまり改善していないんだよね」

　会議の議事録作成は、新入社員が任されることの多い仕事です。多くのOJTトレーナーが細かく添削をしているようですが、真っ赤になって返ってきた文章をよく読み直し、指摘された点を深く理解して、その教えを次の文書作成に生かす人はそれほどいないように思います。「真っ赤な文章」は衝撃ですが、「先輩が直してくれた」と考えて、赤く修正された箇所をタイピングし直して再提出する、というように、「処理」してしまう人のほうが多いのだろうと予想しています。

　新入社員が社外宛てに出す電子メールを全部、添削しているというOJTトレーナーもいますが、添削はあまりおすすめしません。学びの効果がさほど高くないからです。以下は、新入社員が書く日報を毎日、チェックしているOJTトレーナーの例です。

　「誤字は減らないし、文章力も少ししか改善しない」と、添削するのをやめてみました。例えば、誤字があった場合は、その誤字を正しい言葉に直すのではなく、○で囲むだけ、表現がおかしい箇所にも線と矢印でマークし、「主語と述語の係り受けがおかしい」などとコメントだけ書く。「おかしいで

すよ、間違っていますよ」とフィードバックだけにして、自力で修正したものを再提出してもらうようにしました。

しばらくすると、誤字が劇的に減り始めました。再提出しなければならないと思ったら、初めから辞書を引くなどして正しい漢字や言葉を書くようになったのです。主語と述語の係り受けなどフィードバックされたポイントも気にするようになり、徐々に意味の通じる文章に変化していきました。

新入社員の文章を一生懸命読んでは、誤字を「正しい漢字」に直し、表現がおかしい箇所は「文意が伝わる文章」に組み立て直し、書き手の意思や意図をくみ取り「こういう表現にしたほうがよいだろう」と言葉や文字を選び、念のため辞書でも調べて、を繰り返すことで文章力が上がるのは添削をしているOJTトレーナーのほうで、新入社員の「書く能力」はあまり上達しないようです。

改善点をフィードバックしただけで返せば、新入社員が自力で文章を考え直す必要があるので、改善までに時間はかかります。「直接、自分で文章を直したほうが早い」とOJTトレーナーは思うかもしれませんが、ポイントさえ教えていけば、たいていの場合、徐々によくなります。

これは、社内向け文書でも社外向け文書でも同じことです。ただし、客先に提出する期限が迫っているなど、文章の修正を急いでいる時にフィードバックだけして新入社員に修正させるのは現実的ではありません。「ゆっくりフィードバックしている時間ないから、赤入れるね。赤入れされたものを清書してもう一度見せてくれる？」と言うしかないでしょう。ただ、あとで、新入社員と振り返りの場をもち、「どこをどう直すとよかったのか」を話すことは大事です。

今すべき指導が急ぎか急ぎでないかを考えて、アプローチを変えればよいのです。

以下は、議事録の作成での工夫です。

新入社員は、会議に同席はしていても、会議参加者の立場や関係も、仕事の流れや専門用語の理解も不十分なので、自分が聴き取れた箇所、理解でき

たことだけを箇条書きにしたり、台本のようにセリフを全部書き起こしたりと、議事録を正確にとることができません。

「最初は全部細かくフィードバックしていたのですが、『よい議事録』を見たことがないからこうなるのではと気づいて、ある時、新入社員が議事録担当になっている会議で、自分も議事録をつくってみたんです。会議終了後、私がつくった議事録を新入社員に渡して、見比べてもらいました」

これにより、大事なポイントを書き留めていなかったり、些末なことを延々と書いたりしていることに気づき、作成のポイントが少しわかったようです。

OJTトレーナーも、「逐語記録のようになるのは内容が理解できていないからだ」「新入社員がつまずくのは専門用語や社内用語の部分らしい」などが把握できました。よい議事録を書くためには、文章力、文書作成力だけではなく、仕事そのものの内容を理解することも大事だと納得できる経験です。

37 「報連相」を教える

　一人で延々と考えていたり、勝手な判断で動いて余計に時間がかかったりと、報告も相談もしない。主体的に報連相をしてもらいたいのです。

👆アドバイス1　どの時点で報告するか意識合わせをする

　新入社員は「どのタイミングで、何を誰にどう報連相すればよいか」の知識や経験が不足しているため、報告すると「遅い！　もっと早く報告してほしかった」、相談に行くと「そのくらいは自分で判断して」と言われ、報連相の基準がわからないと感じているようです。また、「細かいことは逐一報連相しなくてよいから、完成したとか、困ったとか、要所要所で教えて」と言うリーダーもいれば、「一つの作業が終わるごとに状況を教えてほしい」と進捗を細かく把握したがるOJTトレーナーもいて、人によって報連相に求めるものが異なるのも戸惑う要因となっています。

　新入社員は報連相の勘所がつかめないので、OJTトレーナーと新入社員とで「報連相の基準」を共有しておくことが大事です。

　「この仕事、作業Aが終わった時点で一度見せてくれる？　そこで間違いがなければ、次の作業に移っていいから。もし、作業Aでミスがあったまま続けた場合、その後のリカバーが大変になるので、まずは、作業A終了時点ね！」というように、意識合わせをするのです。

　相談について、あるOJTトレーナーは

　「この仕事、それほど時間かからないはずだけど、もし15分考えてもできなければ一度相談にきて」

「これ、ヘビーな作業だから、2日かかると思うけど、もし、今日終業時点で半分も進んでいなければ、一度相談にきて」
など、仕事の難易度や分量に応じて、相談が必要となる目安（時間）を示すと話していました。

　また、最初は相談に来にくいだろうからと、「さっきから10分くらい手が止まっているように思うけど、何か困っている？」などとOJTトレーナーから声をかけ、報連相を引き出すという方法もあります。

　「自分が報連相しているところを意識的に見せる」と言うOJTトレーナーもいます。

　「最近は、ほとんどの仕事のやり取りがオンラインになって、私自身も報連相するのがメールや社内SNSなどになりました。そうすると、新入社員は、どうやって報連相するものかを見る機会がほとんどないんですよね。私が新入社員のころは、先輩がマネージャの席に行き、報告している場面、隣の席で同僚が先輩に相談している場面をなんとなく見ていたから、『こういうふうに報告すればいいんだ』『相談は、こういうふうに話しかければ応じてもらえるんだ』などを学べました。今、そういう機会が新入社員には少ないと気づいたんです。だから、マネージャが席にいる時は、わざわざマネージャの席まで行って、報連相して見せることにしました。新入社員にも一緒に来てもらいます」

　テレワークでOJTを進めることになっても、マネージャとオンライン会議を開き、新入社員もそのオンライン会議に参加させ、報連相を見せることは可能です。

　なお、マネージャやOJTトレーナーは、部下や後輩に、「報連相しなさい」と求めますが、マネージャや先輩も、自分たちがしていることを部下や後輩に「報連相」することは大事です。もちろんすべては伝えられないとしても、部下や後輩に開示できる情報は、理解しやすい言葉で説明します。マネージャや先輩がチーム内で情報を共有することで、互いに報連相することが大事なのだという点を学ばせることもできます。

✊アドバイス2　問題に気づいた時点で、状況をよく聴く

　自分がやらかしてしまった失敗に気づいた新入社員。自分が蒔いた種は自分でなんとかしなくてはと考え、対応を始めるものの、知識も経験もまだまだ浅く、事態は一層悪化していきます。そのうち周囲が気づき、「何をやっているの?」と先輩に声をかけられます。状況を説明したところ、「なんで、早く言わないの」と叱られ、先輩たちに助けてもらい、無事解決する。

　このようなケースでは、新入社員自身には、隠蔽しようという意図は全くなく、責任を感じて自分だけで動いてしまったというのが真相のようです。そんな時、いきさつや状況を聞かず、頭ごなしに、「報告しなくちゃダメじゃないか!」「なんでそんなことしたんだ?」などとと叱っても萎縮するだけで、本当のところは見えてこない可能性があります。

　「先輩が相談しづらいオーラを出している」というのも新入社員からよく聴く悩みです。いつも会議、会議で、席に戻ってきたと思ったら、また会議に行ってしまう。座席にいる際も眉間にしわを寄せて作業に集中している。いつもすごく急いでいる風情で、いつ声をかければいいのかと迷うようです。

　あるマネージャは、失敗やまずいことを報告してくる部下には、まず、「言いづらいことを報告してくれてありがとう」とお礼を言うように心がけていると言います。そのうえで、「どういうことがあったのか順を追って教えてくれる?」と冷静に状況を聞いていきます。

　そうすると、何が起こったのか、どう対処すべきかもだんだんわかってきます。その後、「これは部下にも問題あり」と思ったら、「反省は自分で必ずしてね。でも、対処はチーム全体であたろう」と伝えるそうです。こういう指導は部下を安心させ、対応の仕方を教える機会もつくれることでしょう。

　昨今はテレワークが普及する中、OJTトレーナーから「リモートで仕事しているけど、困ったらいつでもチャット(相手を指定しメッセージを送れる機能)してくれていいから」と伝えることも多いようですが、OJTトレーナ

ーのステータスがいつも「取り込み中」「離席中」などとなっていて、いつチャットしてよいかわからないという話も聴かれます。

　オフィスで働いていれば、様子を見て、「今なら声をかけてよさそう」と判断がつきますが、リモートの場合、互いの状況は、システム上の「ステータス表示」で見極めるしかありません。新入社員にとっては、声をかけることさえ躊躇し、一人でまた悩み始めるといったこともあるようです。

　相手のステータスに関係なく、ひとまずチャットを入れてみたらいいのにと考えることもありますが、自分から働きかけられる相手が数えるほどしかいない新入社員では、それもなかなかできません。テレワークのほうが、チャットなどを通じていろいろな人と話しやすくなった、解決も早まったと感じるベテランとは条件が異なるのです。

　そこで、新入社員が先輩などに報連相しやすいように、「ステータスが取り込み中になっていても、いったんチャットで連絡してね。すぐ話せる場合は、オンライン会議を開くし、すぐ対応できない場合は、『○時になったらこちらから声かけます』などと反応するから」のようにルールを決めておけば、新入社員も報連相がしやすくなります。

　いつ、どういうふうにマネージャや先輩に声をかければよいのか、新入社員がずっと悩まずに済むよう、「相談しづらい自分になっていないか」「報告する暇も与えないほど忙しそうにしすぎていないか」を先輩たちも時々振り返る必要がありそうです。

38 価値観や「マインド」を伝えたい

知識やスキルと同様に大切な、価値観というか、仕事をするうえでの「マインド」はどう教えればよいでしょうか。

✍️アドバイス 　折に触れて、体験談を交えて伝える

仕事をするうえでの考え方の土台というのは、だいたい入社3年目までに築かれるとよく言われます。

知識やスキルは、新入社員研修や、その後のOJTを通じて実践を繰り返し、覚えていきます。その際、マインド、つまり心構え、価値観のようなものも、先輩たちと過ごす中で、「ああ先輩は、こういう時はこんなふうに判断するんだな」「マネージャの仕事ぶりから、優先すべきことがわかった」等を理解していきます。

その効果を高めるのが、先輩が折に触れて、自分が大切に思う価値観や信念を言葉でも伝えることです。何を大切にしているのか、それはなぜなのか（その理由）を、できるだけ具体的に、自分の経験談なども交えて話をすると、少しずつ価値観が理解できるようになります。

「仕事をする時は、できるだけ、楽しいポイントを見つけること。楽しいと思ってやれば、成果も出やすく、成果が出たことで自分のモチベーションも上がり、好循環が生まれるから。嫌だな、楽しくないなと思って取り組むと、ろくな行動をしないから、成果も出なくて、それで一層、楽しくなくなるってことがあるんだよね。だから、どういう仕事であっても、その中に楽しめるポイントを一つでも見つけること。私は『楽しむこと』を意識する

と、仕事が楽しくなり、成果が出たことで自分のやりたい仕事がめぐってくるようになったので、おすすめだよ」

　新入社員にこう説明するOJTトレーナーがいました。これを聴いた周囲のOJTトレーナーが、「『楽しむこと』っていい視点だな」と応じていました。

　価値観などマインドといったものは、「こう考えなさい」と言って伝わるものではありません。OJTトレーナーが、社会人の先輩として培ってきた考え方を自分の経験談なども添えて「物語」のように語ることで、新入社員も「自分だったらどうするだろう？」「自分ならこう考える」と思考をめぐらすのです。

　「自分だって大したことないのに、偉そうに価値観なんか伝えられない」と感じているOJTトレーナーがいるかもしれません。「自分も先輩に教わったことなのに、まるで自分の言葉のように言うのも恥ずかしい」と躊躇する人もいます。しかし、仕事で身についていることの大半は、誰かから教えてもらったことの積み重ねでできているものです。知識もスキルもそうです。だったら、価値観だって、先輩から言われたことを受け売りしてもよいではありませんか。そこに自分の経験を加えてみたら、より身近に感じてもらえることでしょう。

　新入社員は上司やOJTトレーナーから伝えられた価値観や心構えを自分の中に取り込み、成長していきます。やがて、自らの経験も増えてくると、自分なりの考え方や言葉を使って価値観や心構えを築いていくものです。

39 気働きを教えたい

悩みのあるある

　周囲にも関心をもち、自分の仕事をするだけでなく、周りへの気配り、目配りができるようになってほしいと思います。「気働き」「気遣い」は教えられますか。

🖐アドバイス　　周りからどう見えるか、率直に対話する

　先輩から「今日はこれを担当して」と割り当てられた業務をあっという間に終わらせる新入社員がいました。「時間に余裕がある時は資格取得の勉強をしていてよい」と言われているので、その後は、終業時間がくるまで資格のための自習をしています。仕事の分量や質を上げて割り当てても、終業時間よりかなり前にそれらを片づけ、資格の勉強は続きました。そんなある日、職場で顧客に関連するトラブルが発生し、多くの先輩たちがばたばたと対応しているのに、全くそちらに目を向けず、やはり彼は一人黙々と資格の勉強をしていました。

　「飲み込みが早くて、作業も早いのは認めるけど、もうちょっと周囲にも目を配ってほしいな。気が利かないのは難点だ。ああいう時は、手伝うことありませんか？　と言う人であってほしいな」と、OJTトレーナーが周囲の先輩から苦言を呈されました。彼は、気が利かないのでしょうか。

　OJTトレーナーが当人と話をしてみました。

　「仕事の飲み込み、早いね」

　「ありがとうございます」

　「でも、みんなが忙しそうにしている時は、できれば、『何かやることありますか？』と自分から声をかけてほしいんだけど」

すると、彼は眼を丸くして「え？」と言いました。

「『何か手伝うことありますか？』って僕から言っていいんですか？」

　詳しく聞いてみると、「もし手伝うべきならマネージャや先輩から指示があるだろうと思っていたが、指示もないし、資格をとることは自分のミッションだから、言われた通りに勉強していた。それに、先輩には先輩に割り当てられた仕事があり、後輩である自分が『何か手伝うことありますか』と言うのは、先輩の領分を侵すことになり、大変おこがましいこと、やってはいけないことだと思ったので、自分からは言わなかった」と話しました。

　これを聴いて、今度はOJTトレーナーのほうがびっくりしたそうです。

「ああ、そういうふうに考えていたのか」と納得し、「それは違うよ。仕事はチームでやっていて、それぞれに担当はあるけど、もし一人に負荷がかかっていたら、他のメンバがカバーすることで、チーム全体の仕事が効率よく進むんだ。助け合うことは全く悪いことじゃないし、誰かが誰かに手伝うことある？　って聞くのは間違いじゃないよ。先輩後輩、関係ないからね」と説明しました。

「そうなんですね、考えすぎだったんですね！」と明るい笑顔になり、以降、職場全体が忙しそうな時や自分の手が空けば、積極的に「今、自分は手が空いているのですが、できることがあれば、少し振ってください」などと言うように変化しました。

　後輩の言動には必ずなんらかの理由や背景があります。先輩から見ると、気が利かないとか主体性がないなどと思えても、当人は、自分が行動してよいのかわからない、何か行動することは悪いことではないのかと考えている可能性もあるのです。

　後輩の言動が疑問に思える場合は、「こういうふうに見えるけど、どうしてかな？」と率直に聞いてみることです。そのアプローチは、先輩側からするしかありません。教えていないことはできません。それぞれの考え方の違いという溝を埋める努力をするのは先輩側の仕事です。互いの理解を合わせていくためには、対話を繰り返すことが基本です。

第 **VI** 章

経験学習を生かす

人は経験から多くを学んでいます。経験から学ぶ仕組みや考え方を理解
しておくと、効率よく効果的な成長支援が可能です。

40　経験から学ばせる

悩みのあるある

もっといろいろな経験をしてほしいと思っています。どうやって経験から学ばせればよいですか。

✊アドバイス1　経験とその振り返りを繰り返すようにする

　人は、「経験から学んでいる」と言われています。どんなに人から教わっても、実際にやってみないとわからない。やってみれば、ああ、こういうことかと納得できる。成功しても失敗しても、人は自分が経験したことから学ぶということは、誰もが実感しているのではないでしょうか。

　経験から学ぶことを「経験学習」と言います。経験さえすれば学びにつながるのかと言えば、そうではありません。経験しっぱなしにせず、経験はその都度、振り返る必要があります。

　経験したことを振り返り、自分のものとしていく時に参照されるのが、デビッド・コルブが提唱した「経験学習サイクル」です。経験したことを立ち止まって振り返り、何があったか、何ができたか、何ができなかったか、それはなぜか、どうすればよかったかなどを内省する。そのうえで、こうしたほうがよい、これはしないほうがよい、こういう時はこうするものだ、といった教訓、持論を見つけ出す。持論は、次の場面で使ってみることで新たな経験を重ね、それをまた振り返り、持論化する。このように「経験学習サイクル」を繰り返していくことで、経験が自分の能力になっていくのです。

　これは、OJTでも同じです。OJTトレーナーが知識やスキルを口頭で教えるだけではなく、新入社員自身に経験させることが重要です。経験したこと

図表4　経験学習サイクル

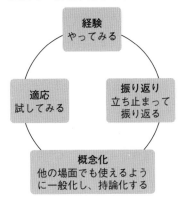

出所：デビッド・コルブ「経験学習サイクル」を筆者が簡単に表現したもの

図表5　「経験から学ぶ力」モデル

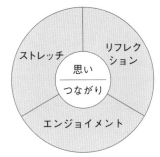

経験から学ぶためには、「ストレッチ」（背伸びする経験）をし、「リフレクション」（振り返り）を行い、その中で「エンジョイメント」（達成感ややりがいなども感じること）が大事というモデル。この3つの要素を成り立たせるためには、「仕事への思い」と「人とのつながり」がエンジンの役割を果たす。

出所：松尾睦『職場が生きる 人が育つ「経験学習」入門』ダイヤモンド社

を一人で振り返るのは難しいため、OJTトレーナーが振り返りのプロセスをサポートします。

「何があったの？」「何がうまくいって、何がうまくいかなかったの？」「どう感じた？」「どうすればよかった？」などなど問いかけながら、ともに振り返ります。単に、「ちゃんと振り返っておいて！」と言われてそれができる人なら、相当な学び上手です。たいていの場合は他者との対話を通じて有意義な振り返りが行えるようになります。

人は自分の考えていること、感じていることを言葉にして初めて、より自覚できるようになります。頭の中でなんとなく「こうだった」「こう感じた」「これを学んだ」と思っているより、OJTトレーナーに問われて答えていきながら深く振り返り、学ぶことができるのです。

成功経験も失敗経験も、ともに振り返りをすることが大事です。

「振り返るというと、どうしても、失敗とか改善点を見つけて、どうしたらよかったか、という視点になるものの、成功しても振り返ってほしい。ま

ぐれ当たりというか、たまたま成功しただけで、本当はそのやり方ではダメ、という場合だってある。だから、振り返りは、失敗を反省するためのものじゃなくて、成功しようが失敗しようが、行ったほうがいいんです。でも、うまくいったのになぜ振り返る必要があるんですか？　と聞かれることもあるので、『経験学習サイクル』の図を見せながら、説明しています」

　経験学習サイクルを部下育成に生かしているマネージャの言葉です。

　仕事をしていると、つい経験、経験と、経験をただ繰り返すだけになりがちです。OJTトレーナーが振り返りの対話相手になることで、新入社員が走りっぱなしになることのないよう、立ち止まって振り返る支援ができるのです。

🤚 アドバイス2　経験学習サイクルを指導に応用してみる

　百貨店の紳士服売り場に配属された新入社員に、疑似体験を通じて接客を教える場面で、OJTトレーナーが取り入れている方法です。午後の来客が少ない時間帯を選んで、OJTトレーナーを客と見立てて採寸し、採寸したデータを確認のうえ、顧客に提案するのを実地で行ってみるのだそうです。OJTトレーナー側も新入社員を顧客役とし、会話の交わし方や採寸の仕方、メモの残し方を見せることで、数十分という短時間であっても、新入社員のスキルアップにもつなげています。

　経験学習は自分の直接経験の影響がもっとも大きく、次に他者の経験を見たり、他者からアドバイスを受けたりすることでも促進されます。この売り場での疑似体験は、いわゆるロールプレイですが、新入社員がやってみたり、OJTトレーナーがやって見せたりしながら「経験から学ぶ」機会をつくっているのです。もちろん、このあとOJTトレーナーと新入社員との間で振り返りをしていることは言うまでもありません。

　松尾睦 北海道大学教授の「経験から学ぶ力」モデルでは、成長につながる経験には3つの要素があるとされています。

　－ストレッチ：今の能力以上のことに取り組む

－リフレクション：その経験を振り返る

－エンジョイメント：やりがいや達成感を味わったり、仕事の意義を感じたりする

　以下は、顧客向けの新サービス説明会でのプレゼンテーションを新入社員に任せることにしたというストレッチ経験の例です。「アメリカ本社で開発したもので、日本のメンバにとっては、ベテランでも新入社員でも知識に差がないよね、それなら新入社員に担当させてみよう」となりました。新入社員に「やってみる？」と意思を確認すると、「やりたいです！」と意外にも乗り気。

　できるだけ成功体験をさせたいと考え、チーム一丸となって新商品を勉強するとともに、協力してプレゼン資料を作成し、何度もリハーサルを繰り返しました。当日は、何かあれば先輩がサポートする予定で控えていましたが、100人くらいの来場者に対して新入社員は堂々とプレゼンをして質問にも対応。本番は無事終了しました。

　この経験を境に、新入社員の表情はきりっとし、社内会議でもどんどん発言するようになりました。勇気ある試みですし、新入社員側もよく承諾したと思いますが、全員がサポートしてくれたことで、安心して挑戦できたのでしょう。

　自分から働きかけてストレッチ経験を得る新入社員もいます。

　「業務知識はだいぶ身についたものの、人に伝える経験が少ない。マネージャに『プレゼンする機会があったら、私にやらせてください』と訴えると、学生向け会社説明会で、“新入社員が語る”というパートを担当させてもらえるよう、人事部に掛け合ってくれました。おかげで、会社説明会でたびたび話をする機会を得たので、大勢を前に話すことにもだいぶ慣れました」

　ストレッチ経験は多くの場合、他者から与えられるものですが、この新入社員のように自分から取りに行くこと、それをマネージャも認め、機会を設けたのはよいことです。

41 仕事の厳しさを実感してもらいたい

　頼る先輩がいると甘えが出てしまう面もあります。仕事の厳しさがわかる緊迫の経験をさせる方法はありますか。

✊アドバイス　　お詫びなどのトラブル対応にも同席させる

　「トラブルがあって、お客様先にお詫びに行くこと、ありますよね。そういう時って、やらかしたのが新人であっても、新人は連れて行かず、役職者や責任者が行くわけです。それは部下を守るということもあるし、先方にも立場のある人間が出てきた、というところを示さなければならないから。

　私、マネージャやリーダーだけがお詫びに行ったり、トラブル解決したりしていると、その場でどういうことが起こっているのか、若手は経験する機会を逸しているんだなと、ある時、気づいたんですよ。それからは、トラブル対応、お詫びの席に若手を連れていくようにしたんです。何も話さなくていい、全部、マネージャが対応するから、ただ、神妙な顔で頭下げていればいいからと言い聴かせて帯同します」

　顧客が何をどう怒っているのか、それに対して、マネージャたちはどう対応しているのか。若手社員はお詫びの場に同席し、そのピリピリしている場所にいるだけで、「ああ、ちょっとした失敗だと思っていても、これほど大変なことになってしまうんだな」とその空気を味わい、気持ちが引き締まるというのです。

　この話をしたところ、「トラブル対応ではないですが、私、とても緊張するタイプのお客様との会議に新入社員も参加させるようにしています」と笑

いながら話してくれたOJTトレーナーもいました。

　「新入社員には、できるだけ、社外の方と関わる機会をたくさんつくりたいと思っています。仕事は、お客様など社外の方とするものだからです。取引先には、いろんな方がいて、必ずしもつき合いやすい人ばかりじゃないですよね。なんとなく威圧感がある方とか、冗談が通じない雰囲気の方とか、とても細かく突っ込んでくる方とか。そういう、私たちもビビるような相手との、トラブル時ではなく、平時の打ち合わせに新入社員を同席させるんです。多種多様なお客様に慣れておき、徐々に関わり方も学べると思ってのことです」

　新入社員は周囲からあれこれと守られる存在です。新しい職場になじむために、それは大事なことですが、とはいえ、いつまでも周りががっちりついていてくれるわけでもないので、徐々に現場で多くの人に会い、様々な経験をしなくてはなりません。２年目以降にそういう機会が突然やってくると戸惑うので、マネージャや先輩がそばにいられる状況で、多少は緊張する場面にも身を置く経験ができるよう、OJTに組み込んでいくのです。

　こういう経験のあとは、経験学習サイクルを意識して、振り返りを行うことが、新入社員にとっての糧になります。もちろん、メンタルへの配慮は必要ですが、緊迫の経験をしておくことで新入社員の対応力が高まります。「このくらいまでは経験したことがある」と思えれば、楽に対応できることも増えるからです。

42　他部署の仕事を経験させる

悩みのあるある

　他部署にも徐々に目を向け、会社全体の仕事の流れを知ってほしいと思います。どんな工夫がありますか。

🖐️アドバイス　　一時的に他部署を経験させてみる

　まずは、配属された部署と自分に与えられた仕事を理解しなければなりませんが、他部署のことも把握できていなければ、なぜ今、自分がこういう仕事をしているのかの理解が浅くなります。場合によっては、自部署至上主義に陥る可能性もあります。他部署の仕事も理解し、知り合い（社内人脈）を増やすことで、もっと高い視座から仕事をとらえられるようになります。

　新入社員を抱える部署同士で「新入社員貸し出し制度」を行っている企業があります。互いに、「人手がほしい」状況の時に、「２時間だけ新入社員を貸してください」と融通し合うというものです。

　「一時的に多くの人手がほしい」状況は、どの部署にもあるものです。ある時、お客様に納品するPCとネットワーク接続のケーブルを準備する「作業」のためのヘルプ要請が隣の部署からあったので、新入社員を一人、行かせました。ケーブル100本にNo.のシールを貼るという、ひたすら手を動かす仕事です。100本もあるので、作業をしながら会話もします。他部署の仕事内容や仕事の仕方、文化などを垣間見ることができました。

　この会社では、「新入社員貸し出し制度」は新入社員に雑用をさせることが目的ではなく、「他部署の仕事を手伝うことで、その部署の人と交流が生まれ、その部署についての理解も深まる」という意図の下、成長支援の施策

として長年続く文化となっています。

　新入社員を他部署にヘルプに行かせている間、OJTトレーナーは自分のたまった業務を片づけることもでき、互いに離れる時間があることでリフレッシュの機会にもなるようです。

　さらに、他部署をヘルプして戻ってきた新入社員から報告を受ける場を設けると、OJTトレーナー側も、「へぇ、あの部署では、そういう仕事をしているのか」「あそこの取引先は、うちとちょっと業界が違うんだな」など、新入社員を介して学べることも少なくありません。

　この方法は、テレワークの下でも実現可能です。社内SNSに「ヘルプ」を記載する掲示板のようなコーナーを設け、情報共有するのも有効です。

　別企業の例です。活字印刷と電子印刷の２つのチームを抱える、印刷を主な業務としている大きな部署で、それぞれのチームの新入社員同士を、配属から数か月経った時点で交換することになりました。

　活字印刷の仕事の進め方をある程度理解したら、電子印刷の仕事を学びに行く。電子印刷の仕事の進め方をある程度理解してから、活字印刷の仕事を学びに行く。このようにして、活字印刷と電子印刷を学んでいきます。もちろん、部門として見れば同じ所属なことから、担当分野ごとのチームで新入社員を交換してはいますが、OJTトレーナー同士は常に連携していました。

　２か月後に元のチームに戻ってきた新入社員は、他チームの仕事のやり方を先輩たちに教えることで、部署全体の業務知識向上にも役立ちました。

　この会社には、「新入社員の交換」という人事制度があるわけではなく、あくまでも非公式に、部門長の権限で、部門内で新入社員の交換を実現しています。組織は、どうしても縦割りになりがちですが、会社の業務を広くとらえ、深く理解するためには、別部署の業務を体験させる取り組みは新入社員にとってもよい経験になるに違いありません。

43　当事者意識が育つ経験

悩みのあるある
　先輩に頼る気持ちがなかなか抜けなくて、自立にはほど遠いようです。
そろそろ手離れをと考えていますが、何かいい方法はありますか。

🏅アドバイス1　自立せざるをえないような状況をつくる

　「自立してほしい」「もっと主体性をもってほしい」「当事者意識が大事」
などの言葉が育成の現場であふれています。これらを言葉で伝えるだけで育
つなら苦労はありません。

　もし自立させたいなら、「自立せざるをえないような状況」をつくる。そ
ういう経験から、自立への道を歩んでいくのではないでしょうか。

　以下は、新入社員と2年目社員の二人を顧客との打ち合わせに同席させて
いたリーダーの話です。ある日、先方の担当者から、「次回から、あの後輩
二人だけで来させてくれる？　私に預けてみて。あの二人を鍛えてみたい」
と言われたそうです。

　「え？　でも…、それでは迷惑をかけるかも」

　「毎回、あの二人の顔を見ていると小さくイラつくんだ。全部、リーダー
がなんとかしてくれるだろうという表情をしていて、緊張感を全く感じな
い。ただそこに同席しているだけだったら来る必要ないじゃないか。あなた
がちゃんと全体を把握してくれれば、二人だけでいいよ」

　帰社後、リーダーは二人を呼んでこの話をし、次回から二人だけで打ち合
わせに行くように伝えたところ、二人とも「えー!?」と驚いたものの、「こ
れも経験だ。裏で支援はするから」と納得させました。翌週から二人だけで

客先を訪問するようになり、しばらくすると二人の様子が変化し始めます。

これまで報連相もきちんとしていなかった二人が、競って報連相するようになりました。客先訪問前の予習や事後の復習も二人で自主的に行い、最初こそ、顧客の質問に答えられず、「調べて後日回答します」と持ち帰ることも多かったものの、徐々にお客様との会話についていけるようになり、自分たちから意見を述べ、提案もできるようになりました。

数か月経ったころ、リーダーは先方の担当者と二人だけで会話する機会がありました。

「最近、あの二人、表情が変わってきたでしょ？　あなたにくっついて来ていたころは、何ともぼんやりした表情をしていたけど、今は、引き締まった顔しているよ」

「ありがとうございます」

「自分たちでなんとかするしかない」という状態に放り込んだことで1年目と2年目のペアは、当事者意識をもち、主体的に勉強し、大きく成長することにつなげられました。

「私に預けろ」と提案してくれた人は、なぜ、よその会社の若手を育てようと思ったかを話してくれたそうです。

「だって、ベンダーの力がなければ、うちの仕事も回らないし、高い力をもつ人がたくさんいてくれるほうが、うちの仕事の成果にもつながるから」

こういうことが実現したのは、リーダーが顧客側の担当者と良好な関係を築いていたからにほかなりません。日ごろ、どういった人脈を築き、他者からどう信頼される努力をしているかが問われる事例でもあります。

アドバイス2　肌で感じられる経験をOJTに組み込む

「当事者意識」「責任感」「自分事」などは、それをもつように、と言葉で伝えるだけでは、先輩たちが期待する当事者意識、責任感、自分事にはなりにくいものです。

言葉をどうとらえるか、それをどう行動で実現するかは、人によってまちまちです。ましてや新入社員は、まだまだ仕事を指示されて行っている状況で、何に対して当事者意識をもてばいいのか、何にどう責任感を、何について自分事であると考えればよいのか、わからないのも当然です。

　ITエンジニアのOJTトレーナーは、「自身の新入社員時代の経験がその後の仕事の取り組み方に大きく影響を与えたので、自分が指導する新入社員にもその経験を生かしたい、似たような経験をさせてあげたい」と話してくれました。

　それは、配属されて少しずつ仕事を覚えていたころのことだそうです。自社が運用に携わる航空機関連のシステムに大規模障害が発生し、飛行機が飛ばないという事態に陥りました。オフィス内が騒然とする中、自分も何か手伝えることはないかとそわそわして、マネージャに、「僕も何かできることがありますか?」と尋ねました。すると、マネージャから、「ここはいいから現場に行け!」と言われ、空港に向かいました。現地に着いて目に飛び込んできたのは、大勢の旅客。飛行機の運航に関する情報は全く掲示されておらず、グランドスタッフもお客様からの問い合わせ対応に右往左往し、怒号も飛び交い、大混乱という状況を目の当たりにしました。

　空港の様子をよく観察してから帰社後、オフィスにあるTVモニタで夕方のニュースを観ました。さっきまでいた空港でのインタビューで、「親戚の葬儀に向かうところだったのだけど、間に合いそうもない」「面接を受けに行く予定だったが、受けられなくなった」など、その影響が語られる様子を見て、

　「プログラミングとか機械とかモノづくりが好きだから、コンピュータシステムの仕事を選んだ。でも、自分が携わるシステムというのは、いろんな人の人生に大きな影響を与える可能性をもつものだったんだと衝撃を受けた。ちょっとしたデータ一つの間違い、小さな操作ミスで、多くの人の人生を変えてしまうこともありうるんだ。そう思って、ゾッとしたんです」

　「システムには一人ひとりが責任がある。どんなにチェックしても人為的

なミスは起こりうる。だから、いつでも確認しすぎることはない。誰かの人生を意図せず変えてしまわないように、責任をもってデータチェックする。自分がやっていることを常に客観視することを自分に課しました」

　配属直後の新入社員にできることはなかったはずです。その時、「ここはいいから現場に行け！」と言ったマネージャは、トラブルが発生している最中であるにもかかわらず、新入社員の育成を考えたのでしょう。「現場をしっかり見てきて、何が起こっているか体感しなさい」。そういう意図があったと思われます。

　現場を見せる、現地を見せる。実体験をする。そこで何かを感じさせる。人は「経験から学ぶ」ものです。このマネージャのように、体験できる場をつくるためにどういうやり方があるか、それぞれの職場で探してみてはいかがでしょうか。「主体性」「自分事」などを言葉で伝えるよりはるかに効果的です。コンプライアンスも厳しく、コスト削減、効率化なども求められている今日、この例と同じことは無理でも、肌で感じさせる経験をOJTに組み込むことはできるはずです。

44 失敗経験から学ばせたい

　失敗経験をさせたいと思いますが、あまり派手な失敗だと後輩の心が折れないか心配です。お客様に迷惑をかけるようでも困ります。

✍️ アドバイス　　メンタル面に配慮しつつ方法を工夫する

　「自分が新人のころ、マネージャや先輩は『どんどん試作品をつくってごらん』と言ってくれて、結構自由に試作品をつくる経験をさせてもらえました。それにより、何がうまくいって何がうまくいかないのか、どの部署とやり取りすればよいのか、コストはどのくらいかかるのかなども学ぶことができました。自分が試作品をつくる経験から多くを学べたので、後輩にも試作品をつくらせようと思っていたら、マネージャからストップがかかりました。『コストがかかるようなことは極力せずに効率よく若手を育てろ』と言うのです」

　コスト管理の厳しい現代において、この例のようにコスト削減から失敗させたくないというマネージャもいるでしょうし、コンプライアンスなどの関係から顧客に影響するような失敗をさせるのもはばかられます。実際、顧客にも他社の新入社員の育成に関わる余裕がないところも増えており、「新入社員をうちのプロジェクトにアサインするのはやめてくれ」と言われることもあると聴きます。

　成功体験を積み重ねることは大切ですが、成功だけでは成長の幅が広がりません。痛い思いをしたり、焦ったり、困ったりしながらそれを乗り越えていく経験も大事です。実際、多くの方が「失敗から学ぶことが多い」と実感

しているはずです。

では、どうすれば、失敗経験をさせることができるのでしょうか。

【「失注覚悟案件」を担当させる】

経験が浅い新入社員にはなかなか大型案件、重要顧客の対応は任せられません。しかし、いつまでも先輩と組んでの活動では、「先輩とともに動いた結果」ととらえるばかりで、なかなか自分事にはならないという課題があります。

ある会社では、お客様側の社内規定でコンペにしなければならないものの、自社は受注できないと想定される案件を新入社員一人に担当させてみました。「万が一、うまくいったら儲けもの」という考えもあったようです。

顧客へのヒアリング、提案資料作成、見積もり作成、先輩のレビューを受けての改善、その後のお客様への提案プレゼン、質疑応答や宿題事項の回答対応などです。失注したら、失注原因のヒアリングから案件レポートの作成まで行います。もちろん、先輩のサポートはありますが、メイン担当は新入社員です。

1年間で数件、こういう「失注覚悟案件」があったため、それらを何人かの新入社員に担当させてみました。

もちろん、成功できる案件も経験させながら、途中、失注覚悟案件も挟み込み、様々な案件対応をさせてみる。失注ばかりでは新入社員が自信喪失するかもしれませんが、落ち込まないよう、ケアする。そうやって多くの経験をさせて、新入社員を当初の想定より早く立ち上げることができました。

【時間をかけてつくったデータベースが一瞬にして壊れる】

顧客に関わる業務に就かせるのにはまだ抵抗があるという場合の例です。

後輩の隣に座って、「データベースをつくる」作業を教えていたときのこと、設計どおりにデータベースができ上がり、「ほら、こんなふうにデータベースってつくるんだよ」と教え、「じゃ、○○という操作をしてみようか」という指示で、新入社員がその操作を入力したとたん、これまで数時間かけてつくってきたデータベースがあっという間に壊れてしまいました。

「今、何をしたか、わかる？」

「え？　わかりません」絶句する新入社員。

「あのね、エンジニアなんだから、自分がどういう操作をしようとしているか考えてみた？」

「いえ…」

「いい？　エンジニアって技術の専門家なのね。自分がやる操作一つひとつに専門家として意味を理解している必要もあるし、責任もある」

「はい」

こんな会話を交わして、人から言われたことを鵜呑みにする危険を教えたと言います。

実は、このOJTトレーナー自身も新入社員の時、当時のOJTトレーナーから同じことをされたのだそうです。「ものすごくインパクトがあって、『エンジニアを名乗るのであれば、自分がする操作については、理屈を理解して、納得していなければいけない』と肝に銘じる経験になった」とのこと。

もちろん、これにより新入社員の心が落ち込みすぎないよう、信頼関係があることが前提です。新入社員のタイプも把握したうえで行う必要もあります。事後のフォローも必須です。

経験から学ばせるにあたっては、失敗経験をうまく活用できれば、新入社員にとって成長のきっかけになるはずです。

45 失敗経験のフォロー

　失敗経験をさせたあとのケアの仕方を教えてください。ケアしすぎて、全く失敗から学ばないというのも考えものです。

☝アドバイス 「失敗の時こそ成長の機会」を伝える

【社内システムを停止させてしまった】

　新入社員のちょっとしたミスで、社内システムを止めてしまった経験のあるIT企業のOJTトレーナーの例です。顔面真っ青の新入社員から報告を受けた際、自分も焦ってしまい、「どうしよう？　どうしよう？」とただただ動揺していました。たまたま近くを通った隣の部署のベテランエンジニアが、「どうしたの？」と声をかけてきました。「こういうトラブルがあって、二人で焦っている」と話すと、涼しい顔をしながら、「そういう時こそ、エンジニアって成長するんだよなぁ」と言いながら、そのまま立ち去っていきました。

　OJTトレーナーは「そのとおりだ。失敗は仕方ない。それをどうリカバーするか、そこから何を学ぶかが重要だ。そのためには、まずは対処だ」と、落ち着いて、何が起こったか新入社員とともに問題を紐解き、一つひとつ対応して、最後にはそのトラブルを解決しました。

　「あの時、偶然、近くを通った別チームのエンジニアがあんなふうに声をかけてくれなかったら焦ったままだった。なんてことない言葉だけど、声をかけてもらって、とても落ち着けた。あれはありがたい声かけだった」

　隣の部署のベテランエンジニアに、新入社員を助けようとかOJTトレーナ

ーを支援しようといった考えがあったかは不明です。深い意図もなく、たまたま言葉を口にしただけかもしれません。しかし、こういう第三者の冷静な一言、客観的な声かけが当事者の心を落ち着ける効果をもたらしたのでしょう。

OJTを進めるにあたっては、OJTトレーナーとして明確に指導に携わる役割を担う人もいますが、この隣の部署のエンジニアのように、何気なく関わることで新入社員の成長に寄与してくれる人も大勢いるのです。

「失敗の時こそ成長の機会だ」ということが伝わったことで、新入社員は「失敗そのもの」にただ慌てて焦るのではなく、「ここをどうリカバーするかが大事なのだ」と意識が切り替わったはずです。OJTトレーナーもこの一言でわれに返り、落ち着いて事態に対処し、事後の振り返りで原因や解決策を新入社員と確認し合えたことでしょう。

【顧客先で厳しく叱責された】

客先で初めて厳しく叱られて帰社した新入社員がリーダーに報告。落ち込んだ様子を見て、リーダーはこう言いました。

「よかったね！」

きょとんとする新入社員にこう続けます。

「これまで同じようなことがあった時に叱られたことあった？　ないでしょう？　私たち先輩とかマネージャがお客様からのお叱りには対応していたからだよ。今日、初めて直接叱られたということは、一人前だと認めてくれたってことじゃない？」

新入社員は、納得して、落ち込む気分を自分なりに消化しました。こういう声のかけ方もよいものです。

叱責されたことを受け止め、「反省」を求めるアプローチもありますが、「一人前に扱われるようになった」と、見方を変える指摘に意味があります。周囲の目が変化したことを知り、この新入社員は「いつまでも新入社員という免罪符は通用しない」と気を引き締めたに違いありません。

46 希望する仕事を経験させてみる

　基礎を学ぶ時期なのに、「先輩がやっているようなもっとかっこいい仕事をさせてください」と、目立つ仕事ばかりに関心を示す新入社員には、どう対応したらいいですか。

アドバイス　「やらせてみる」のも一つの選択肢

　「あれはしたくない」「これもしたくない」という若手よりは、とても見込みがあると思います。

　入社前に、「あんな仕事がしたい」「働くとはこういうことだ」と自分の思い描く理想像で頭がいっぱいになっている新入社員も中にはいます。いざ、配属されてみると、地味な作業も多く、地道に一歩一歩進んでいくような場面も多いはずです。ただ、先輩は楽々と仕事をこなし、時に社外の方と交渉したり、マネージャと話し合ったりしながら物事を進めていて、なんかかっこいいな、ああいう仕事がしたいなと思うのも理解できなくはありません。

　そんな時に、「今は基礎を学ぶ時期だから」「それは10年早いかな」などと諭しても新入社員は納得しないでしょう。こんな時は、「経験してもらうのがいちばん」と、思い切って任せてみるのも一つの方法です。

　「企画の仕事がしたくて入社したんです。早く、企画をやらせてください」と何度も訴えてきた新入社員に、「仕事の基礎を身につけてからだよ、と言ったところで、"かっこいい"仕事がしたいと思っている新入社員には、ごまかしているように映ったり、自分にチャンスをくれないとへそを曲げたりしてしまうだけで、納得はしないもの。そこまで強烈に主張するなら、いっそのこと、やらせてみよう」と、あるOJTトレーナーは思いまし

た。「この部署で使える『企画』をいくつかもってきてよ」と伝えたところ、しばらくしてもってきた企画書は、中身がなくその体をなしていません。あれこれと抜けている部分も多かったため、フィードバックして返しました。課長にも同席してもらい、課長からも、企画への突っ込みを入れてもらいます。

　自分が頭でっかちに考えていた「企画という仕事」について、実際にやってみたら、まるで歯が立たないことがわかったこの新入社員は後日、先輩に次のように言いました。

　「企画がしたい！　と何度も言ってましたけど、実際にやってみたら、自分がまだ企画できるレベルじゃないってことに気づきました。基礎知識も経験も足りていませんね。まず基本からちゃんと勉強します。いつか企画に再挑戦させてください」

　手間のかかる方法ですが、頭ごなしに否定して、「ここは私のいる場所じゃない」とやる気を失わせたくないと考えて、あえて当人が納得できるまでさせてみたのは、よい選択だったように思います。

　忙しい職場で、ここまで若手につき合うのは、時間がかかり、実現が難しいかもしれませんが、単にダメと言うより、「やらせてみる」というのは選択肢の一つとして取り入れてもよいでしょう。

　「横並びで成長しなければならないわけでもないので、もし、何かやらせてみて、抜きんでる新入社員がいるんだったら、どんどん任せてみればいいし、これまでと同じような順番で、全員一律に時間をかけて育てなければならないというものでもない。制度としては、OJTを1年目の年度末までと決めていますが、マネージャもOJTトレーナーも、想定しているレベルまで育ったと思えば、3月を待たずにOJT期間を終了してよいことにしています。だから、挑戦できる機会はじゃんじゃん与えてください」と人事部がメッセージを出している会社もあります。

47　仕事にやりがいを感じてほしい

悩みのあるある

　言われたことをするのに精一杯かもしれないですが、仕事をしている実感を少しでもいいから味わってもらいたいのです。

☝アドバイス1　仕事の成果を体験できる場に連れて行く

　配属直後は、ただただ仕事を教わることに必死な新入社員も、少しずつ仕事を覚え、周囲の人とも関わりができてくると、楽しい場面、やりがいを感じる経験も増えてくることでしょう。

　IT企業に勤める新入社員は、親会社が使う社内システムをつくるプロジェクトに入り、「メニュー画面の設計」を任されました。初めて、本番で使うシステムの開発に関われることになって先輩にフィードバックをもらいながら、画面を完成させました。数か月経って、親会社での打ち合わせで、オフィスの中を移動する際、大勢の机の上のPCに、そのシステムの画面が表示されているのが目に入りました。「あ、これ、自分がつくったメニュー画面だ」と思ったら、とてもうれしくて、心の中でガッツポーズをしたそうです。

　その話を聴いた別の新入社員からは、こんな話がありました。「プロジェクトの本番を控えてかなり重要な会議が開催されることになりました。それまでの会議にずっと参加していましたが、この時は主要メンバだけで話すようだったので自分は参加不可だと思っていました。そうしたら、『○○さんも参加してほしい』とお客様に言われ、とてもうれしかったんです。自分の存在も認めてくださっていたんだと思って」。

どちらも、「自分の仕事が誰かに役立っている」「自分の仕事の結果がこういうふうになっている」ことを経験できた例です。

　仕事に取り組む際の視点を与える

　経理一筋20年のベテランのOJTトレーナーが、経理部に配属された新入社員に伝えた経理の面白さには、とても興味深いものがあります。

　「経理の仕事って、各部署からくる経費精算書や請求書、支払い伝票などの内容を確認したうえで、処理していくのね。だから慣れてくると機械的にやろうと思えばできる。だけど、それって数字が合っているかどうかを見ているだけで、あまり面白くないよね。だから、書類はよーく観察するといいよ。ずっと見ているといろんなことがわかってくる。例えば、開発部からは○○の購入が続いている。今期、開発部は○○を使って新規開発をするんだろうなと想像できる。この部署は、こういうお金の使い方をしているけど、こっち方面に投資するのかな。そうやって、数字を生き物のように眺めていると、会社がどういう方向に向かおうとしているのか、各部署がどういう動きをしているか、といった経営的な視点ももてるようになる。ただ機械的に処理したら、今日は伝票を20枚、としか思わないかもしれないけど、取り組み方によっては、仕事について多くを学べるよ」

　新入社員が楽しくなさそうに見えた時、ついOJTトレーナーは
　「続けていれば自然に楽しくなってくるよ」
　「今は新人だからつらいかもしれないけど、慣れたら楽になるよ」
などの言葉をかけ、慰めよう、励まそうとしがちですが、「自然に」「慣れたら」がいつやってくるかわからなくて、不安に思うこともあるはずです。
　「こういう見方をしてみては？」「こういう取り組み方もあるよ」「これによって得られる能力はこれだよ」と、仕事をとらえる際の視点を変えるヒントを与えるのはよいアプローチです。

仕事の取り組み方を教える

仕事の目的を理解すること、仕事の段取りを考えることなど、仕事の進め方を学び、自分で考え、動けるように育てていきます。

48　仕事の目的を意識してほしい

　仕事を作業としてただこなすのではなく、目的を意識して取り組んでほしいと思います。どういう工夫が必要でしょうか。

アドバイス　　なぜそうするのか、理由まで教える

　新入社員に仕事を教える際は、「これをやって」「あれをやって」というWhat（何を）と、「こういうふうにやるんだよ」「やり方はね…」というHow（どのように）は伝えても、意外に抜け落ちやすいのが、「なぜか？」「どういう理由でそうするのか？」のWhyです。このWhyが理解できていないと、「仕事」ではなくただの「作業」となりやすく、ほかへ応用が利かないばかりか、その仕事の本質をとらえないまま作業として覚えたことは、徐々に自己流になり本道からずれていったりもします。

　方法を教えたり、ちょっとやって見せたりしたうえで、どうしてそういうやり方にすべきなのか、その理由や効果、意味や意義を言葉で伝えることが大事なのであり、その後は自分でできるよう、メモをとってもらうなどの工夫も必要です。

　OJTトレーナーは自分にとって当たり前なことが説明から抜け落ちやすいため、特に意識しないと、根本的な考え方の説明が欠けてしまいがちです。例えば、お客様との会議が予定されている場合、「事前に資料は送付しておくように」だけでは、なぜそうしたほうがいいかまでは伝わりません。だから、「そのほうがお客様側も準備ができるでしょ、会議も効率よく進められるし」と目的などを伝えなければならないのです。

理由を教えるだけでなく、その部分を新入社員と一緒に考えていく指導も有効です。「どうして、事前に送付したほうがよいと思う？　いくつかメリットがあるけど、なんだと思う？」と新入社員に考えさせると、物事の背景や理由を考える力も身についていきます。

　また、そのやり方以外ではどうなるのか、やってはいけないことは何か、なぜ指示以外の方法ではよくないのか、その理由も教えるとよいでしょう。

　「こういうやり方はダメ。なぜかというと…」と、してはいけないこと、避けたほうがよい言動を伝えることで、「正しい方法」についての、理解がより一層進みます。

　仕事の目的を意識してもらいたいと考えるのであれば、最初は教えなければなりません。OJTトレーナーもまだ経験が浅く、業務の手順は教えられても、「どうしてそれをするのか」という理由や目的を理解できていないのであれば、マネージャや先輩に聞けばよいのです。

　「これ、何のための作業ですか？」と質問された時に、「目的なんか気にしなくていいから」と答えたことで、新入社員からの信頼を損ねたOJTトレーナーもいます。目的を理解し、意識して仕事をするためには、OJTトレーナー自身が理解し、明確に言語化できていることが不可欠です。

49 「この仕事、意味あるんですか?」

悩みのあるある

　新入社員から投げかけられる素朴な疑問に絶句することがあります。「この仕事、何の意味があるんですか?」「外注すればいいじゃないですか?」などにどう答えればいいのでしょうか。

☞アドバイス　質問の意図を尋ね疑問には丁寧に応じる

　一般に、組織の新規参入者は既存メンバと異なるピュアな視点をもっているもので、前からその組織にいる人にとっては、すでに「疑うべくもない常識になっていること」についても、「これは何だろう」と素直にとらえ、場合によっては疑問を口にすることもあります。それをきっかけに、職場全体に気づきが生じて旧来のやり方を見直すことにつながるなど、風穴を開けてくれる存在でもあります。

　新入社員が「意味あるんですか?」と尋ねるのであれば、まずは「それはどういうふうに思っての質問ですか?」とその意図や趣旨を尋ねてみることです。

　「この会議、意味があるんですか?」と言われ、一瞬カチンときたものの冷静になって、「どういうこと?」と聞いたら、「配属されて1か月。○○の会議と××の会議は、1本にまとめられるんじゃないかと思うんです。具体的には…」と新入社員がアイディアをもってきたと、あるOJTトレーナーが話してくれました。そのアイディアは、「なるほど、そう言われてみればそうだ」と納得できるもので、チームメンバに諮ったら、「そうしよう!」と合意が得られ、会議体を変更してみることになりました。

　新入社員の話も価値あるものとして、みんなが耳を傾け、そして全員で検

討したうえで実践に移したことで、新入社員も自己効力感が感じられる体験であったに違いありません。提案をして、それが採用されたら、自分が役に立っていることを実感できます。

　既存の「当たり前」を打ち破ってくれることは、組織に新しい人を迎え入れるメリットの一つです。仮に、「意味があるんですか？」の答えが、「意味がある」のであれば、その意味を丁寧に説明することが先輩たちの役目です。

　あるリーダーがこんな話をしていました。

　「取引先との契約の関係で、自分たちも、このやり方変えたいな、と思っていても当面変えられないものがあって。それを新人が『これ、やめちゃえばいいのに』と痛いところをついてきたんです。そう思うよなぁ、と思いましたけど、新入社員には、『こういう事情があって』と説明したら、『なるほど、だったら納得です。いずれ改善するといいですね』と言いました。裏事情など知らなくていいから、とごまかさず、新入社員にも開示できる範囲で伝えることは大事ですよね」

　社内のシステム（仕組み）でも、新しくその組織にやってきた人には不思議に思えるものがたくさんあります。現在のシステム（仕組み）が「過去の歴史の積み重ね」のうえにでき上がっていることを知っている先輩たちが、そのことを話すだけでも、新人の疑問が解消したり、納得して仕事に取り組んだりしやすくなります。

　もちろん、改善したほうがよいとわかれば、改善に取り組めばよいのですが、まずは疑問には否定から入らずに丁寧に向き合うことです。

50 仕事の進め方を学ばせたい

悩みのあるある

　計画どおりにできない、優先順位がわかっていない、納期に間に合わないこともある。スケジュールを立てて仕事を進める方法はどう理解させればよいのでしょうか。

アドバイス　　計画を立てるところから取り組ませる

　「なんで納期が守れないのかな。なんで夏休みの宿題みたいにぎりぎりになってから着手するのかなと思っていたんですけど、よくよく考えたら、新入社員の作業計画を私が立てているからだと気づいたんです」

　詳しく聴いてみると、

　「私は、新入社員がやることだし、と思って、余裕をもったスケジュールを組んでいるつもりなんですね。それでも、なぜか間に合わない、終わらないということがたびたび発生する。本人は、一応、謝るのだけれど、あまり反省している様子もない。振り返りも浅い。なぜなのかを考えたら、自分で立てた計画ではないから、どこか他人事になるのかもしれないと思い至りました。先輩が立てた計画どおりにできなくても、私のせいじゃないよね、と無意識に言い訳している気がして。そこでやり方を変えたんです」とのこと。

　「アプローチを変えて、新入社員自身に自分が納得のいく計画を立てさせるようにしました。その計画をOJTトレーナーがレビューする。これでできそうだねとなれば、本人が考えたスケジュールで作業に取り組むという段取りです。これでもやはり間に合わない、うまくいかないことはありますが、自分が立てたスケジュールで動いている場合は、振り返りの深さが全く違い

ます」

「自分で考えて立てたスケジュールなのにできなかったとなると、しっかり振り返りをします。そしてどうすべきだったかもよく考えます。その時に、『私だったらこういうスケジュールにするな』と私の案を見せます。なぜかも説明します。そうやって、スケジュールの立て方と作業の仕方を少しずつ教えていく。これを地道に繰り返すうちに、計画の精度が上がり、業務理解も進み、スキルも身についてきて、徐々に納期に間に合うようになりました」

先輩は作業手順などを細かく整えてしまいがちです。レールもある程度敷いてしまうこともあります。新入社員がそれに沿って動く、という進め方では、うまくいかなくても、どこか他人事になりやすいものです。逆に、自分で考えてつくった計画であれば、自分の責任で完結させなければと、意識も高まることでしょう。

若手の成長の阻害要因として、放置しすぎることがあげられますが、お膳立てのしすぎも要注意です。

「自分事として考えてほしい」とは、多くの人が指摘することですが、それでは具体性がないので、新入社員はどうしたらいいかがわかりません。この例は、計画を自分で立てる、という方法を取り入れたことで、「自分事」の意味の理解につなげられた例としても参考になります。

51 優先順位をつけた段取りができない

「もう終わっているだろう」と思っていると、他のことを先にやっていたりします。優先順位をどう指導すればよいでしょうか。

アドバイス　全体像を教え、手順を一緒に考える

「優先順位のつけ方がおかしい」も、OJTトレーナー研修で時々あがる悩みです。しかし、仕事の全体感がもてていない新入社員にとっては当たり前のようにも思えます。

段取りをつける、あるいは優先順位を適切に判断するには、目の前のタスクの理解だけではなく、仕事の全体像を把握している必要があります。全体像がこうなっているから、作業を分解して、この順番で取り組むと効率よく進められるといったことが理解できるのです。

まずは仕事の全体像を理解させます。そのうえで、どの部分を担当するのかを説明します。仕事全体は要素分解して各要素間の関係も教えると、漠然とではあっても仕事の全体像がつかめます。

このような手順を踏んだのちに、「どういう段取りで進めるとよさそうか」を一緒に考えていきます。この時、OJTトレーナーが一方的に手順を指示してしまうと、「やらされ感」をもちやすいので、話し合って決めることが大事です。新入社員が「こういう手順でやります」と口にしたことは、自分で考えた手順ですから、自分事として実行に移しやすいはずです。

実例で考えてみましょう。

部下の一人が、自分が立てた計画であるにもかかわらず、予定どおりに進

められないことが多く、いつも残業になっていることから、マネージャはこの部下と1on1ミーティングをしながら、仕事の進め方を整理してみました。

「これは何時間かかると想定している？」

「作業Aと作業B、どちらが優先すべきだと考えている？　その理由は？」と一つひとつ確認していきました。

すると、「これらの作業はすべて1日で終わります」と言っていた仕事の想定時間を足すと13時間になることがわかりました。

「今話したことを全部足し合わせると、8時間に収まっていないね。およそ2日間の作業にならない？」と実際に目の前で計算してみせました。

部下も「あ、本当だ！」「こうやって、一つずつ時間を計算してみると段取りに無理があるとわかります」と初めて気づいたようです。

また、部下が考える段取りが、「得意なこと」「慣れたこと」「好きなこと」「本人が思う面白そうなこと」を優先し、重要性や緊急性という軸では考えていないこともわかりました。慣れたことや得意なことは時間をかけずに先に片づけ、時間に余裕をつくってから慣れないことに取り組むほうがスムーズに進むという考え方もありますが、その結果、大事なことが後手になるのであれば、本末転倒です。

さらには、好きなことや得意なことを優先させた結果、「重要かつ緊急なこと」がその日に終わらず、残業の原因になったり、翌日以降に持ち越されたりしていることも明確になりました。

そこで、「緊急と重要」の軸を教え、緊急×重要に含まれるものを一緒に洗い出し、そこから着手するように計画を練り直しました。このように、仕事の進め方を対話をしながら双方ですり合わせるという手順を繰り返したことで、少しずつ、仕事の段取り力が上がっていったそうです。

段取りがうまくできない、要領が悪いなどが「その人の性格」に由来すると思いがちな面がありますが、基本的な考え方や整理の仕方を教えることで変わることもあります。まずは教えることが大事です。

52 言われたことしかやらない

　指示した言葉どおりのことしか、やりません。意図した内容を理解して
もらうには、どのように伝えたらいいのでしょうか。

☝アドバイス　　成果物のイメージをすり合わせる

　飲食店経営者が「トイレ掃除をお願い」と新人従業員に指示したところ、
思ったよりも早く「終わりました」と言うので見にいくと掃除をした雰囲気
がない。本人に確認したら、「便器、ごしごししておきました」とのこと。
「トイレ掃除って便器だけじゃなくて、便器の周りや洗面台、この空間すべ
てを指すんだけど」と言ったら、「あ、そうなんですか。トイレって言われ
たから、トイレだけ掃除したんですけど」と真顔で返されたそうです。
　「業務の指示」では、このような、指示する側の想定している範囲と、指
示を受けた側のイメージした範囲の食い違いが往々にして起こります。両者
がそれぞれの考え方や価値観、経験などに根差して物事を理解するため、コ
ミュニケーションミスとして表面化するものですから、相手のことを「行間
を読めない」「先読み力がない」などと嘆いていても仕方ありません。
　コミュニケーションについては、「高コンテキスト」「低コンテキスト」と
いう考え方があります。コンテキストとは、前提とか考え方の背景などとも
言える「文脈」を意味します。
　「共有されている文脈」が多い状態が高コンテキストであり、日本人のコ
ミュニケーションは、主語や目的語などを言わなくても、なんとなく伝わ
る、理解し合える「高コンテキスト」だと長らく言われてきました。そんな

文化があればこそ、「トイレを掃除して」と指示すれば、便器だけでなく、トイレという個室全体、さらに、その近くにある洗面所などをまとめて掃除するようにとの指示だと、誰もが理解するだろうと期待できるわけです。

　しかし、考え方も働き方もキャリアの重ね方も価値観も多様化している今日では、多国籍なメンバとだけでなく、日本人同士であっても、「低コンテキスト」を前提に丁寧にコミュニケーションをとったほうが無難です。

　指示する際は、

　- 何をしてほしいのか（What）

　- なぜ、何のために（Why）

　- どのように（How）

に加え、「最終的な成果物」のイメージに対する理解も合わせておきます。

　例えば、「この資料、まとめてくれる？」という指示に対して、でき上がってから成果物のイメージが合っていないことに気づくのでは、手戻りも発生します。「これだと社内向け資料だよね。お客様に出すレベルじゃないよね」と言われても、新入社員は戸惑います。「客先に出すものなので、PowerPointで作成する。このテンプレートを使い、こういうでき上がりの成果物をイメージしている」などの認識は、最初にすり合わせておきます。

　この時、指示を出すOJTトレーナーが明確に伝えるほうが理解が進みますが、指示を受ける新入社員側が、「何のための作業でしょうか？」「どういう成果物を求めていますか？」と質問したり、「私のイメージとしては、こんな感じで仕上げればいいかなと思ったのですが、認識は合っていますか？」と自分からOJTトレーナーに確認したりできるようになることも重要です。

　そのためには、質問や確認をしてほしい、ということもOJTトレーナーが指導し、双方で理解に齟齬がないかのすり合わせを習慣づけます。

　なお、業務内容がよくわかっているベテランの人ほど、自分にしか理解できないような、難しく、あいまいな指示になっていることが多いものです。繰り返しになりますが、自分の当たり前が相手の当たり前だと思わないことが大事です。

53 自分で考えて動いてほしい

　いつまで経っても「指示待ち」です。どうすれば自分で考えるような人に育つでしょうか。

✍️アドバイス　「行動していいか」を聞いてもらう

　「どんな後輩を育てたいですか？」と尋ねると、誰もが「自分で考えられる人になってほしい」と答えます。OJTトレーナーだけでなく、マネージャに「どういう部下になってほしいか」を尋ねても答えは同じです。

　「自分なりの意思をもち、自分で考えて、自分から主体的に行動して、自立・自律した人になってほしい」と思っているのに、なかなかそうならないと考えているからか、新入社員や部下、後輩が「指示待ちなんですよね」「指示されたことしかしないんです」という不満の声もよく耳にします。

　「指示を待っている」「指示されたことしかしない」のは本当でしょうか。彼ら彼女らは、「指示を待っている」のでも「指示されたことしかしない」のでもなく、「指示されたこと以外をやっていいのかわからない」場合が多いように感じます。

　自分で考えて動いてみたら、「それはやらなくていいから」「それはうちの部署の仕事じゃないから」「ほかにやることがあるでしょう？」などと制されることがあります。「自分で考えて」と言われるから、自分なりに考えて動いたつもりが、「それは違う、やらなくてよい」などと否定されると、何については自分で考えて動くことが求められるのか、何については余計なことと言われてしまうのか、その判断がつかないので、今はとりあえず指示さ

れたことをきちんとやろう、という感覚になっていることも考えられます。

　ある企業の４月の新入社員研修でのことです。クラス運営は日直が中心となって進めることになっていました。「日直の仕事」は、「新入社員研修の手引き」に具体的に書いてあります。

　昼休み後、ゴミ箱から新入社員たちが食べたお弁当の空き容器があふれんばかりになっているのが気になりました。そこで、「今日の日直はどなたですか？」と尋ね、「はい」と手をあげた二人に、

　「ゴミ箱があふれていますが、どうしましょうか」と声をかけると

　「どうしましょうか」と答えます。

　「今、捨ててきてはいかがですか？」と提案すると、

　「え？　今、いいんですか？」と真顔で驚くのです。

　聞けば、「日直の仕事」に、「日直は、研修終了後、ゴミをまとめて、集積所にもっていくこと」と書いてあるので、「昼休みにゴミを捨てに行ってはいけないかと思っていました」と言うのです。

　これを「指示されないとやらない」と言うのは簡単です。しかし、新入社員たちは、「許可されていないことを勝手にするのはいけないのではないか」と考えたわけです。そこで私はアプローチを変え、「疑問には思いましたか？」と尋ねてみました。

　「はい、ちょっと乱雑だな。臭いがしそうだなと思いました」

　「そうやって疑問に思ったら、それは口にしていいんですよ。やっていいのかわからなければ、『やっていいか』って聞けばいいだけで、いいならどうぞと言い、ダメな時はダメと言いますから、『あれ？　変かな？』『こうしたほうがよいのではないか？』と思うことがあれば、いつでも周囲の誰かにまずは聞いてみてください」

　以後、自ら考えて、新入社員同士で相談しながら行動するように変化していきました。

　ここからわかるのは、新入社員の思考が

　−許可されていることはできる

－禁止されていたらやらない

に加え、

　－許可されていないが禁止もされていないことはやってよいのかわからな
　　い

となっているということです。そのため、新入社員が無意識に感じている制
約条件（行動を制限する）を解きほぐしていくことが先輩の役割だと、あら
ためて気づかされました。なお、今回のケースでは、「やっていいかどうか
を尋ねるのは失礼かもしれない」と考えたことも、その理由の一つだったよ
うです。

　新入社員はよく、「迷惑をかけたくない」という言葉を口にします。自分
が何かしたことで、誰かに迷惑をかけたり、自分が想像しないどこかに悪影
響を及ぼしたりするのが怖いようです。「やっていい」と許可されるまで待
っているのには、そんな面もあるのです。

　先輩たちは、「指示待ちだなぁ」と嘆いていないで、「これはやっていいん
だよ」「○○するように言われるのを待たなくていいんだよ」と事あるごと
に伝えることです。

　「こうなってほしい」人になるための具体的な行動を伝えていくことは、
先輩たちの役目です。

新入社員との1on1ミーティング

定期的な対話の場を通じて新入社員の成長を支えることもOJTでは重要です。1on1ミーティングにおいて、どのように会話を進めればよいか、工夫も学んでおきましょう。

54　1on1ミーティングを意味あるものにする

　新入社員の将来を見据えた会話、抱えている課題を解決するような、意味のある会話、効果的な1on1ミーティングをしたいと思います。

✍️アドバイス　　コーチングとティーチングを使い分ける

　多くの企業で、上司と部下とで行う「1on1ミーティング」を取り入れています。「1on1ミーティング」とは、上司やリーダーが部下やメンバと行う1対1の対話のことです。部下やメンバの成長を支援することが目的で、部下やメンバのための時間とされています。目標管理面談や評価面談のような上司主導で進むものとは異なり、あくまでも部下やメンバのやる気と能力を引き出すためのものです。

　OJTにおいても、OJTトレーナーと新入社員とで1on1ミーティングがよく行われています。1on1ミーティングを行う際に覚えておくとよいのが、コーチングのスキルです。

　コーチングとは、相手から答えを導き出す指導方法を指します。「教える」（ティーチング）が、先輩などが知っていること、答えがわかっていることを伝えるのに対して、「コーチング」は、「相手の中に答えがある」と信じ、主に相手が自分で答えを見つける支援を行うコミュニケーションです。したがって、質問を投げかけるアプローチが中心となりますが、私たちは、日ごろから、質問を主軸としたコミュニケーションのやり方に慣れていないため、練習が必要です。

　多くの人が、新入社員から何か相談されればすぐアドバイスをしたくな

り、業務について質問がきたら、即座に答えを教えたくなるのです。もちろん、新入社員が知らないこと、未経験なことであれば、教えればよいのですが、新入社員もある程度知識をもっていたり、経験していたりすることですべて教えてしまうのは困りものです。そういう場合は、質問を投げかけ、新入社員自身に考えさえたほうが有効だからです。

　どんなことでも親切に教えてしまう、答えを言ってしまうという人がいる一方で、「コーチング」を学んだことがきっかけで、何でも質問で返してしまうOJTトレーナーがいて、新入社員が困惑しているという相談も時々耳にします。全社で「コーチング」の学習を取り入れ、人事などからも「コーチング」を行ってくださいとメッセージが出ていることで、どの場面でも「コーチング」のアプローチをとろうとしてしまうようなのです。

　こんなケースを聴いたことがあります。

　自分で調べてもどうにもこうにも答えが見つけられず、万策尽きて先輩に質問したのに、「コーチングしなくては」と気負ったOJTトレーナーからは、「うんうん。それで、○○さんはどう思うの？」と質問で返されたそうです。あれこれ調べてもわからないから質問したのに、それにまた質問を返されて、行き詰まったと、人事部との入社後半年面談で訴えたと言うのです。

　このほかにも、職場で顧客がらみのトラブルが発生。全員で手分けして対応しようと、リーダーのところにメンバ全員が集結、指示を待っていると、リーダーは、「で、みんなはどうしたらいいと思う？」と問いかけたという例があります。驚いたメンバが「対応について指示出してください」と訴えると、「だって、みんなに質問するのがコーチングだろう？」とにこやかに言ったのだそうです。

　こういう緊急事態の際はコーチングではなく、事態を収束させるために、誰が何をすればよいか指示を出すべきです。問題が解決し、落ち着いてから、「どういう意図であの指示を出したのか」を教えたり、「次回、同様なことが起こった場合、自分だったら今度はどう対応する？」と問いかけて考え

させたり（コーチング）すればよいのだけの話です。

　コーチングは、相手の知識や経験の有無や事態の緊急性で使うかどうか判断します。知識や経験が少ない、物事に対する習熟度が低い、自分で考えようがないという場合は、比較的「教える」が中心となり、知識や経験が多い、物事に対する習熟度が高い、自分で考えたほうが有意義である（例えば自分のキャリアのことなど）場合は、「コーチング」を使います。

　また、「事態が緊急」であれば、指示を出す、あるいは、「教える」ことを選び、「平時」なら「コーチング」を行う、という目安もあります。答えを「教える」のか、自分で答えを考えさせるために「コーチング」をするのかは、状況を見極め、使い分けることが重要です。

図表6　「教える」と「考えさせる」の使い分け

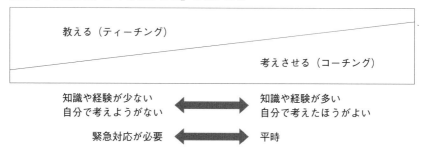

55　コーチングで本音を引き出す

悩みのあるある

　1on1ミーティングを通じて、新入社員の本音や、本人がまだ言語化できていないようなことを引き出したいと思います。

☝️アドバイス　相手をよく観察し、想像力を働かせる

　コーチングスキルを生かした1o1ミーティングでは、対話をスムーズに進めるための練習が必要です。ある時、OJTトレーナー研修で「1on1ミーティング」の練習として、ペアになり、OJTトレーナー役と新入社員役とに分かれ、「新入社員の最近の様子を聞く」というロールプレイを行いました。

　OJTトレーナー：「最近、仕事、どんな感じ？」

　新入社員：「平和ですねぇ」

　あなたならこのあと、どう展開しますか。

　この時、OJTトレーナーは、「そうか、それはよかったね」と応じたあと、「じゃあ、やりたいことができているんだね」と続けました。すると、新入社員の表情が少し曇り、

　「うーん、やりたいことができているか、と言われたら、できていませんね」

と返事をし、そこから、どんどん心情を吐露し始めました（ロールプレイですが、話している内容は本音です）。

　「やりたいことができているとは言えないです。ただ、淡々と日々を過ごしています。だって、働き方改革とか言って、残業規制もあるし、もうちょっとがんばったら終わるのに、と思っても、帰れってなりますよね。自分が

納得できるところまでやりたいなとか、興味あることにちょっと手を広げたいなと思うけど、時間の制約もあってなかなかプラスαまでは手を延ばすことができない。だから、さっき、『平和です』と言ったのは、それはそれで事実だけど、自分がやりたいことができているか？　と聞かれたら、ちょっと違うなと思いました」

「そうか、やりたいことができている実感はもてないんだね。じゃ、どうなったら、平和なだけじゃなくて、自分がやりたいことを実現できるのかな？」とOJTトレーナーが尋ねると、様々な改善アイディアが出てきました。

「平和です」に対して、「それはよかった。じゃ、問題ないね」と言ってしまったら、「ま、そうですね」と応じて、会話はそれ以上、発展しなかったかもしれません。

この例では、「平和なんだ。じゃあ、やりたいことができているのかな？」と他の言葉で再度問い直してみることで、新入社員もその問いについての答えをもう一度考え、自分の心のうちが理解できたのでしょう。

上手に本音を引き出せた、この対話のやり取りを見ていた他の参加者は、

「私に、これ、できるかな？」

「どう？　と尋ねて、笑顔で、『平和です』って返ってきたら、それはよかったと思って、そこで話題変えちゃいそう」

「私も、『平和です』に安心して、会話をそこで止めてしまうと思う」
などとと感想を述べていました。

本音を引き出すには、相手によい問いを投げかけることも大事ですが、相手の反応を聴いたうえで、その発言に出てきた言葉や表情などをよく観察し、「平和と言ったけど、何が平和なんだろう」「平和と言う割には、表情は満面の笑みじゃないな」などと想像を働かせる必要があります。唯一の正解のない時代、マネージャや先輩が与えられる答え（アドバイスなど）など限られています。それより、相手から考えや思いを引き出し、ともに考え、答えを見つけ出していくサポートをするのが、今の時代に合ったOJTの姿です。

56　配属先に不満を漏らす

悩みのあるある

　配属先が希望と違っていたために落ち込んでる新人をどう扱えばよいですか。

☝アドバイス1　**不満を口にする理由や背景を聞き出す**

　OJTトレーナーと新入社員との1on1ミーティング中、新入社員が「実は、希望の配属先じゃなかった」とこぼしたとしましょう。こういう時、あなたがトレーナーだったらどう応じますか？

　「OJTトレーナー研修」で、この問いを参加者に投げかけてみました。以下は、返ってきた答えです。

　「この部署でも学ぶことはたくさんあるよ！」

　「僕も実は配属が希望と異なっていたけど、この部署で覚えたことはたくさんあるから今ではよかったと思っているよ」

　「実力をつけて、希望の部署に異動できるよう、今はがんばるしかないな」

　これらは、一見、新入社員に寄り添っているようでいて、よくよく考えると、どれも、先輩側の考えを後輩に伝え、励まそうという意図は感じるものの、「そういうふうに思えばいい」と、基本的には「説得しよう」としています。

　「ここでも学べる」「自分も同じだけど、結果的にはよかった」「実力をつければ異動希望を出せる」などのアドバイスは効果的な場合もありますが、先輩に「希望と異なる配属先だった」と心情を吐露したのに、「自分の気持ちがわかってもらえない」と不満に感じることもあるでしょう。新入社員の

心情にしっかりと寄り添っていないからです。

　不満を口にする時点で意思表示をしています。「希望の配属先でなかった」と訴えたのであれば、そう言う理由や背景を丁寧に聴く必要があります。何がもやもやしているのか、折り合いのつかない何かがあるのか、抱えている問題を聴くチャンスです。こんなふうに会話するのはどうでしょうか？

「そうか、希望と違ったんだ。どこを希望していたの？」

「エンジニア志望だったのですが、営業に配属になってしまって」

「エンジニア志望だったんだね。どういう理由でエンジニアを？」

「学生時代に研究していた技術を追求したいなと思っていたんです」

「なるほど。営業に配属になった時、どういう説明を受けたの？」

「辞令が出ただけで、ちゃんとは聴かされてはいないんです」

「そうか」

「だから、納得がいかなくて」

「納得できない、と」

「理由を知りたいんです」

「理由を聴いたら、どうなるかな？」

「自分で理解できたら、あらためて考えてみたいです」

　このような会話を通じて、何がもやもやしているのか、話している側が自分なりに整理ができてきます。配属の理由を具体的に人事部などが話してくれるかはわかりませんが、少なくともマネージャに期待などを話してもらう機会を設けるだけでも、新入社員の不満は多少は解消されることでしょう。

　そのうえで、OJTトレーナーがあらためて新入社員と今後のことを話してみるのでも遅くはありません。あるOJTトレーナーは、こう話しました。

「僕だったら、新入社員のキャリアイメージを聴いてみる」

「配属先について悩む人は、『今』にとらわれすぎている。でも、新入社員の視線を未来へ向けてもらうようにすると、『目指すこと』はどこかにあって、今の配属先でも関連づけることはできると気づくことも多いのです」

今の不満や「希望と異なる配属」といった個々に生じている事象ではなく、「あなたがこの先目指しているもの、なりたい自分」をまずは教えて、と聞いてみて、5年後10年後にどんなふうに働いていたいか、どういう人でいたいのか、ちょっと先の自分について語ってもらいながら、「仕事って何だろう」「働くって何だろう」「成長するってどういうことだろう」を一緒に考えるそうです。

「希望の配属先と違う」という新入社員に対して、「そんなことを言ってはダメだ。これが会社というものだ」と正論で返すのも、「ここだって学べるよ」「自分もそうだったけど結果的によかったよ」と説得するのも得策ではありません。まずは、どういう気持ちなのか、なぜそこを不満に思うのか、何を納得できていないのかを丁寧に聴くことから始めてみましょう。

✊ アドバイス2　やりたい業務に取り組ませてみる

IT企業の若手社員が話してくれた新人時代の経験です。

「私、システム開発の仕事がしたかったんですが、配属先は開発メインの部署ではなかったんです。OJTトレーナーに、『実は、開発がしたいと思っている』と正直に伝えたら、上司と話してくれました。上司に呼ばれ、直接こう言われました。『この部署では開発業務はほとんどない。だけど、やりたいという気持ちがそれだと消化しきれないだろうと思う。だから、一つ仕事をつくってみた。この部署でみんなが使えるツールをつくってみたら』。そう言って、開発に携われる機会をつくってくれました。うれしくて、みなさんに役立つツールは何かを考え、先輩たちの力も借りて、一生懸命取り組み、無事、ツールを完成しました。そのことで、なんと言うか『つきもの』が取れたように納得でき、それでその部署の仕事に集中できるようになりました」

可能であれば、「希望の配属先」への思いを残さないよう、この例のようになんらかの経験できる機会をつくり、自分の「やりたい気持ち」を消化できるようにするのもよい方法です。

57 「将来像」を聞いても明確な答えがない

悩みのあるある

　新入社員自身の希望を大切にしたいが、将来像やキャリアプランを尋ねても明確な答えが返ってきません。

✋アドバイス1　信頼関係を築き、本音を引き出す

　入社してすぐに「将来どうなりたい？」と聞かれて、明確に答えられる人がどれほどいるでしょうか。就職活動では、面接で問われることを想定して臨んだとしても、実際には仕事に就いていない時点での「将来像」は、曖昧模糊としていたはずです。入社後は仕事を覚えることに必死で、「将来、どうなりたいか」どころではない、というのが正直なところでしょう。

　マネジャや先輩に、「将来、どうなりたい？」と聞かれたら、「どういう答えを求められているんだろう？」と、まずは考えてしまうはずです。

　「どういう人になりたいの？」「描いている将来像は？」と尋ねられた時、仮に自分なりの将来像を思い描いていたとしても、正直に答えて笑われても困るし、仕事で成果も出せていないのに、「ああなりたい」「こうなりたい」と口にするのを躊躇しているかもしれません。答えられないからといって、何も考えていないわけではなく、「面倒な仕事が割り振られても困る」「先輩に本音を話したくない」と思っているだけの可能性もあります。

　「将来どうなりたいか」という問いかけは、答えるのが難しい質問です。信頼関係が築けていることを大前提に、「聴いておけば、それが実現するようにサポートできると思うので」など前向きな意図を伝えているでしょうか。新入社員が話しやすくなるために、OJTトレーナー自身が「私は将来、

こうなりたいと思っている」と先に自己開示することも一つの方法です。

☝アドバイス2　聞き方を工夫し、相手の話を受け止める

　1on1ミーティングで、マネージャが「どんな人になりたいの？」と新入社員に尋ねたら、「人格者になりたいです！」と元気な返事が返ってきました。マネージャは、「なぜ、エンジニア職なのに、答えが人格者なんだろう？」と疑問に思い、「うーん、人格者になりたいんだったら、宗教家にでもなるしかないかなぁ」と返してしまったという例があります。

　「宗教家になるしかない」と返されて、新入社員はそれっきり黙ってしまったそうですが、「人格者」というキーワードに何かヒントがあるはずです。例えば、次のような展開が考えられます。

　「へぇ、人格者になりたいんだ」とまずは相手の言葉を繰り返します。

　「人格者って？　どういう人？」と掘り下げることもできます。

　「どうして、その人格者になりたいの？」と理由を尋ねてもよいでしょう。

　話をきちんと受け止め、「人格者」という言葉に込められた意味を掘り起こしていけば、具体的な話をしてくれることも考えられます。どういう気持ちでエンジニアという職に就いたのかをもっと理解できたはずです。

　「実は、先日参加したプロジェクトミーティングでご一緒した○○さんというベテランエンジニアが、技術力もさることながら、社外の方との接し方も、私のような新人への接し方もとても丁寧で、心地よいコミュニケーションをはかっていて、ああ、こういうエンジニアになりたいなと思ったんです」

　「両親がエンジニアだったんですけど、子どものころから、『仕事には、人間力が大事だ』と言われて育ってきて、親と同じ職業を選んだ時、自分なりに『人格者』というキーワードが思い浮かびました」

　新入社員が話しやすい関係づくりが大事であり、想定外の答えを口にしたとしても、それを受け止め、それはどういう意味なのかなど、発言の背景にある考えや思いを質問によって掘り下げていくことが重要です。

58　同期と比べて焦っている時は？

悩みのあるある

　同期の活躍に「自分はこのままで大丈夫か？」と焦っています。そんなこと気にするなと言っても、不安なようです。

✍️アドバイス　　「ありたい自分」と比較させる

　他部署のOJTはどう進んでいるか、他社に就職した人はどういう仕事をしているのかなどは、SNSなどを通じて瞬時に目に入りますので、「同期はもうお客様に関わる仕事をしているのか」「学生時代の友人はすでにプロジェクトに携わっているらしい」などの話を聴いて焦る気持ちはわかります。入社1か月後のGWなどに帰省し、友だちと話をする中で、「自分がやっていることはこのレベルだけどいいのだろうか」と悩むという話も聴きます。

　「隣の芝生は青い」という言葉もあるように、他者のほうがすごいことをやっているように感じるだけで、自分も他者もさほど学んでいるレベルに差はないのかもしれませんが、当人にとっては、「自分はこのままで大丈夫か？」と不安になる気持ちは理解はできます。

　「同期と話したら、もう客先に出ているって言うんです。私も、もっと社外の人と一緒に仕事がしたいです」と言ってきた新入社員の話をよく聴くと、話に出てくる同期は、そもそも社外の方との会議が多い業務で、部署としての役割が違うから一概に比較できないと思ったOJTトレーナー。新入社員に仕事の流れを組織図を広げて説明しました。

　「ちょっと納得したみたいです。ただ、社外との関わりに興味があると言うこと自体はいいことだと思ったので、関連企業との会議や取引先との打ち

合わせでもどんどん同席させるようにしたら、満足したようです。新入社員の視野はまだまだ狭いのですが、頭ごなしに、部署によって役割が違うよね、と抑え込むより、経験させて納得してもらうほうが有効な気がします」

本書46項「希望する仕事を経験させてみる」で、企画をしたいと言う新入社員の例を紹介しましたが、経験することで理解や納得が進みます。機会をつくれるのであれば可能な限り検討してみるとよいと思います。

こういう例では、比較対象を同期ではなく、自分のありたい姿にするようアドバイスするOJTトレーナーもいます。

「同期と比べて焦るのってムダだと思うんですよね。私は、同期と比較していること自体がちっちゃいと思っていて。だから、横ばかり見てないで、社内なら上の人たちを、他社や世界を見てごらん。そのうえで、『あなた自身がなりたい自分になる』ことが大事でしょう？　似たような属性の同期と比べるのではなく、自分がこうありたいと思っているその姿になっているかのほうが大事じゃないの？　そう話しています」

人生100年時代の中で、働く期間も延び、自分のキャリアについて、より一層の自律が求められるようになりました。自分のキャリアを自分で考えて構築していくことをキャリア自律と言いますが、キャリア自律を実現するためには、「自分が大切にしているもの、大切にしたいことを明確にしたうえで、自分はどうありたいのか」を考えなければなりません。

「ありたい自分」との比較で、今の自分を考えてみることは、同期との比較で悩む新入社員の、視点を変えさせるきっかけになるはずです。

図表7　「同期と比較するなんて、視野が狭いよ」

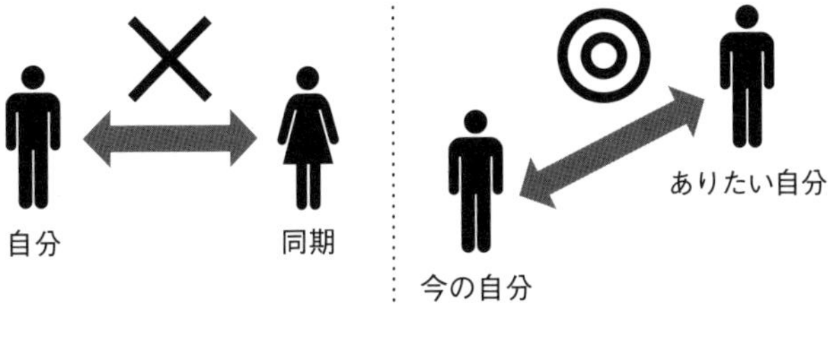

自分　　　　同期

今の自分　　ありたい自分

59 成長を自覚させたい

「これができない」「これは同期に負けている」とネガティブワードをしばしば口にし、自己肯定感も低いので自信をもたせたい。

✊アドバイス　**成長した点を具体的に示して気づかせる**

新入社員研修で、自分はネガティブ思考だと思う人がどのくらいいるか尋ねたところ、8割くらいが手をあげたので驚いたことがあります。

「同期の○○さんは、こういうことをやっているのに、自分はできていない」

「昨日と同じ失敗をしてしまった。成長がない」

「苦手なことがいつまでも克服できない」

など、自己評価が低く、自分の反省点ばかりが並ぶ「研修日報」の内容が気になったのがきっかけです。ほかにも

「一度落ち込むと何日もそれを引きずってしまう」

「やってしまった！　と思う出来事はずっと忘れられない」

といった自分の性質を吐露する文章もありました。

自信がないように感じたので、研修内でできるだけ意識的に、具体的に褒めるようにし、「褒める」8、「改善の指摘」2くらいの割合を心がけました。

途中で、新入社員自身も自分たちのネガティブさに気づいたらしく、「せっかくだから、お互いのよい点を日報に書き合わないか？」という提案が出て、一人ひとりが日報に「同期の誰かを具体的に褒める文章を書く」ことと

なりました。さらに、「日報に書いても当人の目に留まりづらいから、口頭で言おう！」ということで、互いに褒め合うようになりました。

「○○さんが初日、グループワークのリーダーは苦手だと言っていたが、今日は自分から手をあげてリーダーになっていた。挑戦する姿がよいと思った」といった同期の変化（挑戦や成長）に気づき、フィードバックするようになると、他者（同期）からの指摘で、「こういうことでも成長なんだな」と各自が自覚できるようにもなりました。

自分のよい点や成長している部分については、なかなか自覚はできないものです。これは、新入社員同士でフィードバックし合うことで、少しずつ強みや成長を自覚できた例ですが、新入社員との1on1ミーティングを行う際のヒントにもなります。OJTトレーナーから細かく、よい点や成長している点をフィードバックすることで自覚させ、自信をもたせることができます。

あるOJTトレーナーは、「日ごろからこまめに振り返りの時間はもっていますが、月に1回は、きちんとした『1on1ミーティング』に1時間くらいかけています。その時、『先月から1か月経って、いろんな仕事をしてきたけど、どういうところが成長できたと思う？』と自分が感じる成長ポイントを聞くようにしているんです。ところが毎回、『いやぁ、特に思いつきません』『大して成長できた気がしません』と否定します。やっぱり、自信がないんですよね」。そこで、作戦を変えたと言います。

「じゃ、私から伝えるよ。いいね。電話対応。4月ごろは、1日1回は転送間違えをして、誤って切ったり、伝言をメモし忘れたりして、電話対応自体の成功率が高くなかったけど、今月5月は、私が見ている限りでは電話対応、ミスっていないよね。電話対応が上手になっている」

「会議の議事録作成。5月の初めのころまでは、赤ペンで指摘事項がたくさん書かれていたけど、最近、赤い部分、減ってきていると思わない？　指摘事項が減ったってことだよね。これも成長」

このように、「前はこうだったけど、今はこうなった」というちょっとした成長を一つひとつ具体的に説明していくうちに、新入社員は、

「まだ完璧にできないと思っていましたけど、ミスが減った、対応する時間が短くなったというのも成長なんですね。そういうふうに考えていけば、毎日少しずつは成長できているように思えてきました」

と気づき始めます。そこでOJTトレーナーはさらにアドバイスします。

　「今日は、私が一つひとつ、これもあれも成長とあげてみたけど、今度から、自分で小さな『できるようになったこと』を意識して記録するようにしてみてはどう？　そうしたら、次回の1on1ミーティングでは、こことここが成長できたと自分の口で報告できるんじゃないかな」

　新入社員は、できないことに目が向き、「まだまだダメだ」と思いがちですが、些細な「できるようになったこと」をリストアップすることで、成長を実感できるようになります。

フィードバックと振り返り

よい点、改善点のフィードバックをどう行うかは多くのOJTトレーナーにとって悩みの種です。フィードバックや振り返りの仕方に工夫を取り入れ、新入社員の成長を後押しします。

60　モチベーションを損なわせない伝え方

悩みのあるある
　フィードバックする際、気をつけることは何でしょうか。モチベーションを損ねない話し方を教えてください。

✍️アドバイス　　頭ごなしに否定するのは厳禁

　「理不尽に怒られた」「自分の言い分を聴いてもらえなかった」「頭ごなしに全否定された」など、表情には出さないものの、不満を蓄積していることはよくあります。仕事に慣れてくればマネージャや先輩の仕事ぶりも見えてきて、新入社員なりに心の中にもやもやを抱えていたりもします。

　新入社員がまだ少ない知識や経験からアイディアを口にしたときに、「あ、それは予算がないからダメ」「それ、前にも検討したけど無理って結論になって」などと頭ごなしに否定されると、「自分の意見や考えは言っても仕方ないのだな」と思ってしまい、無力感を味わうこともあります。だんだん嫌になってくるのです。

　「学習性無力感」という言葉があります。無力であることを学習してしまうというものです。提案しても否定される、意見を言っても聴いてもらえない。そういう経験を繰り返すと、「言うのをやめた」「もうムダだ」とあきらめてしまうことがあるのです。その時は、モチベーションも相当低下していると考えてよいでしょう。

　一方で、新入社員の提案に上手に対応する人もいます。どんなに未熟な、浅い考えを口にしたとしても、「いいねぇ」と応じるというのです。

　「いいねぇ、それ、もう少し詳しく聴かせて」

「お、いいね。具体的に言うとどういう感じ？」

「なるほど。面白いね」

　賛成しているわけでもなければ、「そのとおりにやってみよう！」と言っているわけでもありませんが、「いいね」「なるほど」とまずは肯定的に受け止めてくれることで、新入社員側も次を言いやすくなります。

　「いいね」「なるほど」と受けるマネージャや先輩は、本当にいいねと思っている場合もあれば、内心、「うーん、今一つだな」と思っている場合もあるでしょう。すでに検討済みのアイディアや、予算的に無理なことが明らかなこともあります。それでも、「今一つだ」「無理だ」とストレートに返すと後輩が萎縮しますし、もう少し詳しく聴いてみれば、自分が思いもつかなかったアイディアを口にするかもしれません。だから、「なるほど！」といったんは肯定的に受け止めるのです。

　やってみればわかりますが、「なるほど」「いいね」と受けたほうが、相手は明るい表情を保ち、「具体的に言うと？」と促せば思考も活性化してきます。

　OJTトレーナーやマネージャは、新入社員など若手のモチベーションに影響を与える存在でもあるので、部下やメンバのやる気を損ねないような会話のコツを学ぶ必要があるのです。

61　上手に褒める

　褒めようとするとわざとらしくなってしまいます。上手に褒める方法を教えてください。

👆アドバイス　　「認める」ことでその行動を強化する

　「私たちって、褒められたことがほとんどないから、いざ、後輩の指導をする年齢になってみても、どう褒めたらいいかわからないんだよね」

　30代半ばくらいのOJTトレーナーたちの会話が聴こえてきました。褒め言葉のストックを持ち合わせないので、どういう表現をすればよいのかわからないと言うのです。褒められたこともなければ、褒める習慣もないのに、無理に褒めようとすると、表現や表情がわざとらしくなってしまいます。

　あるOJTトレーナーは、「素晴らしいね。さすがだね」と後輩を褒めたら、「無理に褒めなくていいですよ」と言われてしまいました。勇気を出して褒めてみたけど、思った反応じゃなかった、とがっかりしていましたが、これは、後輩の言葉どおりには受け取らなくてもよいかもしれません。「無理に褒めなくていいですよ」は照れ隠しで、多少はうれしかったはずです。人に褒められて嫌な気持ちになることはそうそうないでしょう。心密かにニヤリとしているでしょうから、褒める行為は続けることです。

　ところで、「褒める」というと、期待したレベルを大きく超えた、何か素晴らしいことを対象とするように考えがちです。しかし、先輩から見て、格別「素晴らしいこと」でなくても、当人にとっては今の力を出し切った結果だったかもしれません。そもそも人は、自分を基準に考えやすいので、先輩

が「そのくらい、できて当たり前」と思っていても、新入社員からすれば非常に高いレベルであることも多いはずです。だから、そんな時は、「○○ができたね」「△△が終わったね」とただ事実を指摘します。「褒める」というより、もう少し広い概念で、「認める」のです。

コーチングでは、これを「承認」と言います。承認は、やる気を引き出したり、挑戦意欲を刺激したり、新入社員の自己効力感を高めたりする効果があります。

たとえば、締め切り日を守って報告書を提出したとします。締め切りを守るのは当たり前なことですが、その時に、「おお、ちゃんと締め切り日前だね」と指摘することで、「締め切り日を守った」ことを先輩は気づいてくれたと思い、うれしくなります。当たり前のレベルでも「ちゃんとやってるね」と言われれば、次もしっかりやろうと意識づけされます。

このように、「できたね」と伝えることは、「それはよい行動だ」と相手に明示することなのです。その組織で大切とされる基準を伝える機能が承認にはあるとも言えます。

「素晴らしい！」「すごいね！」と褒めようと気負わず、求められるレベルどおりにできていることでも、それを本人に指摘すれば、言われた側はうれしく、また「組織で大切にされている考え方」も伝わり、今後もよい行動を続ける（行動を強化する）ことにつながります。

62 「褒める」と「ダメ出し」どちらが効果的？

悩みのあるある

　褒められて、そこで満足してほしくありません。ダメ出しして発奮させるほうがよいのではありませんか。

☝️アドバイス　　褒めつつ、達成レベルを上げる

　「褒められたらそこで成長を止める」タイプの人がいるかもしれませんが、「褒められたら、もっとがんばろう」「また褒められるように成果を出そう」と張り切る人のほうが多いのではないかと思います。

　もし、「褒めたら、そこで安心してしまった」のであれば、それは伝え方に問題があるのかもしれません。褒めた仕事について「できたから、今のままでよい」というメッセージが暗に伝わっていないか、確認する必要があります。

　「わぁ、もうそんなことができるんだ。新入社員としては、もう十分なレベルだ」「例年の新入社員よりうんと速いスピードでマスターしたね」などの言い方をすると、「もう求められるレベルに達したからペース落としていいかな」と短絡的に思ってしまう可能性はあるでしょう。

　部下へのフィードバックについて、以下のような工夫をしているマネージャもいます。

　「まず、あまり頭ごなしにダメとは言わないようにしているんです。自分も若いころ、たくさんダメ出しされたことで自信を喪失しました。ダメな自分にばかり気持ちが集中してしまうので、何をやってもダメなのではと萎縮してしまったからです。だから、部下に対しては、実際にはまだまだ不十分

だとしても、いいね！　と言うことにしています。例えば、質としては不十分でも、『〇〇までできたんだ。いいね。ありがとう』などと言って、そのうえで、『〇〇ができたら、次は××ができるとよりいいね！　期待している』と言う、やってほしい到達レベルを目指すような言い方をします」

「××までできないとダメだ」ではなく、「××」がまだできていない時点で、「〇〇までできたんだね、いいね。この勢いで××まで到達しよう！」と期待を伝える方法は、プラス、プラスと付け加えていくことで、「ダメ出し」をしているわけではないものの、今の状態で満足しているわけではないことを、とても上手に伝えられます。

「これができたら、次は、〇〇をしてみようか！」「これができたのだから、今度は〇〇まで到達しようよ」と少しずつ期待レベルを上げられるよう新入社員を導く方法を試してみてください。

「これができていないとダメ」と言うことで相手が張り切ることを期待するより、もっと先を目指そうとがんばれるようなフィードバックをするほうが、大きな効果が得られます。

図表 8　プラスの表現で期待レベルに導く

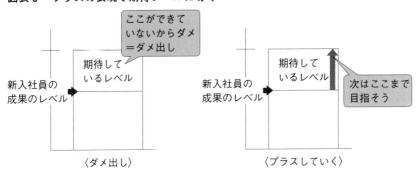

63 どんな声かけがありますか？

悩みのあるある

気の利いた声かけ、フィードバックをしたいと思うのですが、どういうセリフ、言葉が効果的でしょうか。

アドバイス1 　声かけは「気にかけているよ」の証

　組織の新規参入者にとって、「自分がここにいる」ことを気にかけてくれていることの証が、声かけです。「おはようございます」というあいさつだけであっても、誰かが声をかけてくれること自体がうれしいものです。「最初にランチに誘ってくれた人のことは何年経っても覚えている」「会議室にいちばんに着席したら、次に入ってきた方が『新しい方ですか？　○○です。少しは慣れました？』と話しかけてくれたのがうれしかった」などもよく聴きます。

　ある新入社員は配属後、「データを整理して毎月、レポートにまとめる」という仕事が与えられました。これは代々、配属された新入社員に割り当てられる仕事です。最初は、「自分に任された仕事だ」と張り切って取り組んでいたものの、1か月もすれば手順もコツも飲み込めます。職場の業務の基本を学ぶにはちょうどよい難易度ではありますが、同じことを繰り返していると、少し飽きてしまいました。

　ある日、いつものように、レポートのまとめ作業を行っていたところ、OJTトレーナーとは別の先輩が近くを通りかかりました。手元を覗き込み、「あ、△△の作業をしているのかな？」と声をかけてくれました。「はい、そうです。△△の月次レポートをまとめています」と答えると、「それ、地味

な仕事でしょう」と言われました。どう返事をしようかと迷っていたら、続けて、「地味な仕事なんだけど、とても重要な作業なんだ。みんなのために、ありがとね」と笑顔でお礼を言ってくれたそうです。「その言葉に救われた」と、3年後に自身がOJTトレーナーになった時に話してくれました。

「ただの作業」と腐った気分になりつつあったところを、「重要な作業」であり、「みんなのためにありがとう」と先輩から礼を言われ、次の新入社員に引き継ぐまでしっかり自分の役目を果たそうと思い直したとのこと。先輩のちょっとした声かけが新入社員のモチベーションに刺激を与えるのです。

👆アドバイス2　何気ない一言も若手に自信を与える

「電話をとるのをがんばっていました。電話が鳴ると最初は怖かったのですが、がんばって誰よりも素早くとるようにしていました。だいぶ慣れてきたころ、マネージャ宛ての電話に対応していたら、先方に『失礼ですけど新人さんですか?』と聞かれました。何かまずいこと言ったかと『はい、今年の新入社員です』とこわごわ答えると、『電話応対、上手ですね。よく電話をとってくださる方ですよね』と言われたんです。お会いしたこともない方に声を覚えていただいたうえに、電話対応を褒められて、本当にうれしかったです」

社外の人から声をかけられるというのはとてもうれしい経験でしょう。電話をとることについても一層自信がついたに違いありません。

自分の部署の後輩だけではなく、他部署の後輩、他部署の若手の育成に関わることは、先行く人の務めでもあります。何か気づいたことがあれば、前向きな声かけをしたいものです。何気ない一言が一人の若者に勇気と自信をもたらし、成長を加速することでしょう。

職場のマネージャや先輩も、もし自分の後輩が、本人がいないところで、他社(他者)から褒められたら、必ず本人に伝えてください。「ネガティブなフィードバック」(叱られる、クレームを言われる)などは間接的に聴く

とちょっとへこみますが、ポジティブなフィードバックは、間接的に言われるとより一層うれしく感じるものです。

　「『お宅の新入社員、元気で真面目でいいね』と取引先の部長に言われた」と上司から伝えられたら、新入社員はとてもやる気が刺激されることでしょう。忙しくて言い忘れることがないよう、できるだけ早く本人に伝えることが肝要です。

64　叱るポイント、注意するコツ

悩みのあるある

　叱るのが苦手です。「嫌われたらどうしよう」「言っても聴いてくれない かもしれない」と思ってしまい、なかなか口にできません。

アドバイス1　　相手に必要だと思ったら躊躇せず指摘する

　新入社員に働きかける際は常に、育成のそもそもの目的を思い出してみる ことが大事です。「これを伝えることは本人のためになるだろうか」を考え て、「本人のためになる」と思える場合は、口にして指摘する。これは、褒 めるにしても叱るにしても同じです。

　では、新入社員はどういったことを叱られたり、注意されたりしているの でしょうか。

　入社3～4年目くらいの若手研修でのこと。新入社員時代にマネージャや 先輩から言われた言葉で

　- 今でも印象に残っていること

　- 覚えていること

　- 役に立ったこと

を書き出すワークをしたことがあります。後輩指導に役立てるために経験の 棚卸しをすることが目的でした。

　- 頬杖をついてPC操作をしていたら、「頬杖ついて仕事しなーい！」とマ ネージャに注意されました。もちろん笑いながらでしたが。「真面目に やっていないように見えるから損するよ」と言われたんです。姿勢が悪 いと、自分の印象自体を悪くすると教えられました

－先輩に呼ばれたので、椅子に座ったまま、ごろごろ近づいていったら、「ちゃんと歩いてきなさい」と注意されました。今、後輩が同じことをしていると、やはり、失礼だなと思うので、あの時注意してもらってよかった

　頬杖をつくことも、椅子をごろごろさせながら移動することも、あえて指摘するほどでもないと思う人がいるかもしれませんが、当の若手社員たちは、その時は、「え？」と思っても、あとから確かによくないと理解し、数年経っても覚えているので、指摘が後輩の役に立っていることがわかります。

　このような指摘をしたマネージャや先輩も勇気が必要だったことでしょう。人に何かを伝える、特に改善点を指摘するにはエネルギーが必要です。指摘したところで、後輩が素直に聴いてくれるとも限りません。むっとされたり、聴き流されたり、場合によっては反論されたりする可能性もあります。その後、しばらくは関係がぎすぎすすることも考えられます。そうなると、先輩のほうも気に病んでしまいます。

　だから、気にかかった行動を伝えるのは、相手にとってよいことかどうか、相手の今後の成長に役立つことかどうかを考えて判断する必要があるのです。

　テレワークが増えている今日では、物理的に離れた場所にいることで、指摘するのが難しいと考える人もいます。しかし例えば、「お客様とのオンライン会議で、寝ぐせがついたまま画面に登場していた」「お客様より遅れて会議に入ってきて、しばらくお待たせした」などは、「お客様と話す時は、身だしなみは出社時と同様に整えようね」「2分くらい前にはアクセスしてスタンバイしましょう」など、相手の成長のために必要と思えるなら、具体的に指摘することです。

🖐️ アドバイス2　　他者と比較しない。具体的行動を取り上げる

　指摘する際は、どのような「行動」が不適切なのかを取り上げることもポ

イントです。相手の人格や性格、あるいは、その時の行動以外のこと（前に
こういうことがあったなど過去のミスなど）を持ち出すのはよくありませ
ん。

　どのような行動を正してほしいかがきちんと伝えられれば、その時は多少
むっとされても、黙ってしまったとしても、いつか理解され感謝されます。

　私も先輩からのフィードバックで奮起した思い出があります。

　提出した資料に、先輩から「つくってくれてありがとう」と言われまし
た。お礼を言われたのでうれしいという気持ちがわき上がった瞬間、続けて
「ただ、これ、いつもの田中さんらしくないね。田中さんだったらもうちょ
っとアイディアを付加したものをつくってくるという印象があるんだけど」
とも言われました。資料は先輩が満足するレベルではなかったようです。

　自分でも「今一つかな。ま、いいか」と思いながら提出していたこともあ
り、「田中さんらしくないね」というのは、非常に響きました。これが、誰
か他者と比較されたらあまりよい気分ではなかったと思いますが、普段の私
を認めたうえでの、「らしくない」というのは、「やはり、見抜かれるんだ。
自分が納得できるものを作り直そう」と素直に思えた経験です。

65 注意をすると笑ってごまかす人には？

悩みのあるある
　改善点の指摘や失敗に対する注意を受けた際に笑ってごまかそうとします。どう対応したらいいのでしょうか。

☝アドバイス　Ｉ（私）を主語にして伝える

　プライドが傷つくのを避けて、なんだか笑ってしまうというタイプがいます。神妙な顔をすると心が折れそうになるからなのかもしれませんが、真相は本人に聞いてみないとわかりません。

　こんな時、「笑っている場合じゃないでしょ！」「笑ってごまかさない」などと声を荒げて注意しても、相手が萎縮するだけです。また、「しょうもないなぁ」「またか」と思いながらも相手に伝えないのも、相手のためになりません。笑ってごまかすという行動がパタン化して、誰と話している時もその癖が無意識に出てしまうであろうからです。

　注意を受けているのに笑っている、という点を認識してもらうには、率直にフィードバックする、すなわち、今ここで起こっていることを鏡のように反射させて相手に伝える方法が有効です。

　伝える際は、Ｉ（私）を主語にします。

　「大事なことを伝えているつもりなのだけど、○○さん、笑っているように見えるのが気になっています」

　「（あなたは）笑って聴くのはよくない」（Youが主語）と言うのではなく、「笑っているのが（私は）気になる」「（私は）笑わずに聴いてほしい」とＩを主語にした表現を用います。これは、「Ｉメッセージ」と言われています。

自分の表情や癖については案外、わからないものです。フィードバックされて初めて、「自分が笑っている」ことに気づく人もいるはずです。心の内はばれていないと思っていても、「笑っているのが気になる」と指摘されて初めて、「ドキドキ不安な気持ち（内面）」を「にやにやする（外面）」で取り繕っていること、そしてそれが他者にも伝わっていることを知れば、自覚が高まり、改善のきっかけになるでしょう。

　伝わったら、そのうえで、「笑ってしまう」心情を聞いてみるのもよいと思います。「どうして笑ってしまうのか、考えていることを教えてくれる？」と尋ね、「恥ずかしいから」と本音が聴こえてくれば、それに対して、どう考えるか一緒に検討することもできます。

　以前、「電話をとりたくない」と堂々と言う新入社員に理由を尋ねたところ、「自信を失いたくないからですかねぇ」と他人事のように言うので驚いたことがありました。「自信を失うって、どういうことですか」とさらに問うと、「失敗して、恥ずかしい気持ちになって、それで自信がなくなると困るんです」と悪びれもせず、答えました。

　「失敗が怖いなら、失敗しないように練習しますか？　私相手に」と提案したら、「周囲に人があまりいない場所がいいです」と話すので、「会議室に行ってください。私は自席で会議室のあなた宛てに外線電話をかけてみますね。社外からの電話だと思って対応してください」。そう打ち合わせて、こっそり練習しました。

　やってみたら、対応が下手なわけでもないので、「今の対応だったら外線をとっても大丈夫ですよ」と励ますと、その日の午後から電話をとるようになりました。食わず嫌いならぬ、（電話の）とらぬ嫌いだったようです。

　手間のかかる新入社員も、ちょっとしたきっかけで一歩踏み出すことができます。先輩には、関わり方を工夫することも求められています。

66 すぐ、ふて腐れる人には？

悩みのあるある

　問題行動に対しては、「ダメ」と言うようにしていますが、新入社員が反抗的な態度をとるので、注意することがだんだん嫌になってきました。

✋アドバイス　　第三者になら本音を話すこともある

　叱るとか改善点を指摘するというのは、案外勇気のいるものです。それなのに、素直に聴くのではなく、言い訳されたり、反抗的な態度をとられたりしたら、余計に嫌になってしまう気持ちはよくわかります。新入社員が明らかにふて腐れた態度をとるので気持ちが萎える、自信もなくなる。怖いからだんだん言いたくなくなり、褒めることはあっても改善点などの指摘はしなくなる。これは、新入社員にとってもよいことではありません。

　これを、新入社員の立場で考えてみます。人にダメだと言われると自信を喪失したり、自分が否定された気持ちになったりするでしょう。

　自己肯定感が育っていれば、他者から辛口のフィードバックをなされた際、多少落ち込みはしても、時間とともに心の中で折り合いがついて、立ち直ることができます。一方、自己肯定感がないと、ちょっとした他者からの改善フィードバックにも「もうダメだ」と思ってしまうのかもしれません。

　指摘された点の正しさはわかっているけど、弱い自分を見せたくないから、反抗的な態度で示すという反応である可能性もあります。

　「新入社員に立場上厳しいことも言わなくてはならない。すると、相手との間で微妙な空気が流れる。むっとした表情に気づくこともあるが、自分は育成の役割を担っているから、言わないわけにはいかない。それで同僚に、

これから新入社員にちょっと厳しい指摘をするんだけど、あとでフォローしてくれないかなって頼んでおくんです。痛い指摘をされれば、誰だって落ち込むでしょうし、場合によっては反抗されるかもしれません。私があとでフォローするより、第三者が登場するほうが効果的だと思うんです」

　このような工夫をしているOJTトレーナーもいます。少し間をおいて、頼んでおいた同僚が、「さっき、○○さんから××のことを言われていたみたいだけど、ちょっと気になったんだよね。どうしてそういう指摘をされたかわかる？」と新入社員に声をかける。このように厳しいことを言う役割とフォローする役割を決めてフォローし合う体制は有効です。

　第三者に対しては意外に本音で話し始めることもあるようです。「そのとおりだと思ったけど、つい、むっとしてしまった」「かっこ悪いとわかっていても照れくさくて謝れなかった」などと心情を口にすることもあるでしょう。「自分にも言い分があるのに、一方的に言われた（と感じている）」「前回教えられたとおりの方法でやったのに（と自分では思っている）」などと新入社員側の事情や理由がわかる場合もあります。それをOJTトレーナーに伝え、思いすごしやボタンの掛け違いを解消すればよいのです。

　自分を取り巻く状況に対する見方や解釈の仕方は人それぞれ異なります。どちらか一方だけが「正しい」ということはあまりなく、それぞれの考えや言い分は、対話しながら理解し合うしかありません。

　このような連携は、テレワーク時のOJTでも十分可能です。

　OJTトレーナーが新入社員に厳しい指導、指摘をしたら、直後に、フォローの上手な他の先輩に「今、○○さんに厳しい話をしたんだけど、上手にフォローしておいて」とチャットで依頼する。頼まれたほうは、新入社員に連絡をとり、「漏れ聞こえてきたんだけど、××のことで叱られたんだって？どういうふうに理解した？」などと新入社員の言い分も聴きながら、ケアとフォローを行うのです。

67　OJTの成果を共有する「成果発表会」

悩みのあるある

　日々のフィードバック以外に振り返りの機会を設け、OJTトレーナー以外からのフィードバックを受けさせたい。

✍️アドバイス　　プレゼン、手紙交換、社長コメントなど

　3か月に1回程度、「OJT中間報告会」を行うという話はよく耳にします。多くは部門単位で行っているようです。新入社員が3か月間を振り返り、「携わった仕事」「できるようになったことと、そこからの学び」「次の3か月で取り組む仕事や身につけたいこと」など項目を決めて発表資料をつくり、マネージャや先輩の前でプレゼンするスタイルが一般的です。自分の考えをプレゼン資料にまとめて他者に説明する練習にもなっています。

　このような定期的な発表会以外に、OJT期間終了時に「OJT」の卒業式のような位置づけで、「OJT成果発表会」を行っている企業も多いようです。たいてい、全社的なイベントとして企画されています。進め方や内容はOJT中間報告会と同じですが、時に社長や役員なども聴きにきます。OJTトレーナー自身の振り返り発表時間を組み込んでいるケースもよくあります。OJT制度が、新入社員だけではなく、OJTトレーナーの成長も目指しているものであるため、OJTトレーナーに何に取り組み、どういう学びがあったのかを話してもらうことも意味があります。

　ある企業では、新入社員からOJTトレーナーへ、OJTトレーナーから新入社員へ手紙を書いて、読むというコーナーを設けていました。互いに照れくさかったようですが、こういう機会がなければ、互いに感謝やねぎらいを伝

えることもなくOJT期間が終了してしまうところです。

　この企業では、新入社員とOJTトレーナー全員のプレゼンテーションを社長が聴き、一組ずつにコメントをするという丁寧な発表会を開催していました。新入社員には、2年目になるにあたっての期待や励ましを、OJTトレーナーには、OJTに取り組んでくれた労いと今後の期待を伝えます。新入社員もOJTトレーナーも達成感が味わえます。

　OJT成果発表会での社長の言葉は、「卒業証書」のようなものです。これまでを振り返り、互いに感謝して、マネージャたちからも講評や励ましの言葉などを受ける。OJT自体は、年度末で終了だとしても、今後も職場の先輩後輩として、一緒に仕事をする仲間としてやっていこうと、気持ちを引き締め直す機会になることでしょう。

　「OJT成果発表会」は誰でも参加可能にしている企業もあります。社長やマネージャだけでなく、聴きにきている様々な先輩たちもフィードバックすることができます。普段はOJTトレーナーと、上司や同じ部署の先輩からしかフィードバックを受ける機会がない新入社員にとって、発表会においては多様な立場からのフィードバックを得て、自分を客観視する場にもなります。

　OJTの区切りをつけるためのイベントとしてOJT成果発表会を取り入れてみるのはおすすめです。ただし、OJT中間報告会もOJT成果発表会も、「報告会」「発表会」自体が目的にならないよう、注意が必要です。「これは、報告会で紹介するにはちょっと地味なので、もうちょっと発表しがいのある仕事をしたい」と新入社員がえり好みしたり、いい発表内容になるように、新入社員が一人で完遂した仕事ではないのに、一人で成し遂げたかのように先輩が内容を「盛って」しまうことが起こりえます。それでは本末転倒です。

　また、OJT成果発表会は人事評価と連動させてもいけません。

　このような発表会は、テレワークが広まるにつれ、より一層開催しやすくなりました。遠隔地の拠点の社員もオンラインで参加できるからです。これまで、「自分の部署には新入社員が配属されないし、関係ないな」とOJTに

関心がなかった部門も、全社イベントとして誰もが参加できるようになれば、思いもよらぬ部署の、想定外の先輩が参加するかもしれません。その経験で、「人材育成に目覚める人」も現われる可能性もあります。

　発表会などを見学した人にも育成の価値が伝播することも考えられます。こういう成果発表会に多くの人に参加してもらえると、「組織をあげて人を育てる」風土づくりにもつながります。

おわりに

「啐啄同時」という言葉があります。ヒナが生まれそうな時、卵の内側からこんこんと嘴で叩くのが「啐」、親鳥がそれに応じて外から卵をこんこんと叩くのが「啄」。そのタイミングが合っていることで、ヒナが生まれてくるという意味で、師匠と弟子の教えと学びのタイミングが合致していることが大事だと教えています。同様に、新入社員が「知りたい」「学びたい」と思うタイミングで教えたり経験させたりすると、学習効果が高くなります。

新入社員研修など、会社側が用意した研修カリキュラムや先輩が考えてくれたOJT育成計画に基づき、しばらくは他者が計画し、伴走してくれる学びの期間が続きますが、目指したいのは、「自走する新入社員」を育てることです。自ら学び、自ら能力を向上させ、より高い成果を出せる人になっていく、そういう人物に成長してほしいと誰もが思っているはずです。

「教えてくれないからできない」「習っていないからわからない」と誰かのせいにするのではなく、必要だと思ったら自ら学ぶ人に育ち、そういう自走する人が多ければ多いほど組織は強くなります。

「小学生の時に担任の先生に言われた『勉強は何のためにすると思う？』という言葉がずっと記憶に残っています。なんだろう？　とみんなそれぞれに答えを口にしたんだけど、先生は『勉強はね、自由を得るためにするんですよ』と言いました。『勉強すると、知っていること、できることが増えます。結果的には、選択肢がとても増えます。選択できる道、やり方がたくさんあるということは、それだけあなたたちは自由になるってことです』。子ども心にすごくインパクトがあり、何十年も経つけど忘れられないんですよね」

こう話してくれたマネージャは、部下にも「勉強することであなたの選択肢は増える」と以下のように語り続けているそうです。

「新しい仕事や難しい仕事がアサインされた時に、『できない！』『無理！』

と思うのって、能力不足、経験不足に原因がある場合が多いのです。だから、どんなことでも勉強して、できるようになっておけば、新しい仕事、難しい仕事がきても、こういうふうにやればいいんだろうなと想像でき、そのための能力ももっているから、仕事が楽になる。苦しいとしたら、勉強が足りない場合が多いと思うんだ。だから、常に学び続けることが大事なんだよ」

　人生100年時代、何歳になっても学び続けることは、生き抜くために必要です。自分の選択肢を増やすためにも学びが必要だという話は、学ぶことへの動機づけに役立つ考え方です。もちろん、学校に行く、本を読むといったことだけが学びではなく、仕事での経験を増やし、振り返りをして持論化する「経験からの学び」も含みます。常に「学び続ける人」となるよう育て、「学びの機会」をつくるのはマネージャや先輩の役割です。そしてマネージャや先輩も「学び続ける人」であることは、言うまでもありません。

　OJTはまさに、仕事をするための学びを手助けする仕組みです。この本では、主に新入社員の育成に焦点を当ててOJTを解説してきましたが、紹介している様々な企業事例の大半は、新入社員の育成に限らず、誰の学びにも応用が可能です。自分の場合はどう使えそうか、自分の部署ならどのように取り入れたらいいか、いろいろと工夫して活用してみてください。

　最後になりましたが、OJTの現場の悩みや工夫を聴かせてくださった数千人というOJTトレーナーとそのマネージャのみなさんに感謝します。わくわくする取り組みもあれば、私も一緒に解決策に頭を悩ませたものもありました。本にまとめる中で、私も学び直しができました。また、北海道大学松尾睦教授には、ご著書『職場が生きる　人が育つ「経験学習」入門』から「経験から学ぶ力」の図使用を快諾いただきました。お礼申し上げます。

　わたくし事ですが、2020年11月に旅立つ直前までこの本の出版を楽しみにしてくれていた亡き父に、やっと報告ができます。「本、できたよ！」。

2021年 5 月
田中　淳子

田中 淳子（たなか・じゅんこ）

トレノケート株式会社人材教育シニアコンサルタント。産業カウンセラー。国家資格キャリアコンサルタント。1986年上智大学文学部教育学科卒業。日本DECを経て現職。1990年から各社の新入社員研修、2003年から多くの企業のOJT支援に携わり、若手育成の現場を長年見続けてきた。著書『はじめての後輩指導』（経団連出版）、『現場で実践！ 若手を育てる47のテクニック』『ITエンジニアとして生き残るための「対人力」の高め方』（日経BP）など。
ブログ「田中淳子の"大人の学び"支援隊！」
Facebookページ：TanakaJunko

事例で学ぶOJT
－先輩トレーナーが実践する効果的な育て方

著者◆
田中 淳子

発行◆2021年7月10日 第1刷

発行者◆
輪島 忍

発行所◆
経団連出版

〒100-8187 東京都千代田区大手町1-3-2
経団連事業サービス
電話◆［編集］03-6741-0045 ［販売］03-6741-0043

印刷所◆精文堂印刷